韓国語を話したいと思ったら練習帳

はじめての韓国語会話

金 珉秀

WORK BOOK

駿河台出版社

はじめに

　本書は『韓国語を話したいと思ったら―はじめての韓国語会話』の練習帳です。文字をきれいに書くためのスキル、単語力をアップするためのスキル、基礎文法力をアップするためのスキル、作文力をアップするためのスキルなどを身に付けていただくために作りました。

　本書は『韓国語を話したいと思ったら―はじめての韓国語会話』と同じ構成で、「文字編」と「会話編」に分かれています。「文字編」ではハングルの母音と子音を丁寧に書き込む練習から始めており、各レッスンに単語を書き込みながら覚えられるドリルもあります。また、「会話編」では『韓国語を話したいと思ったら―はじめての韓国語会話』の「会話編」で取り上げた基礎文法の活用ドリル、新出語彙や表現のドリル、作文ドリルなど様々なドリルを通して、韓国語の基礎力を鍛えることを目指しています。

　各レッスンのドリルの前には『韓国語を話したいと思ったら―はじめての韓国語会話』で扱っている文法や語彙、表現をまとめているので、単なる練習帳ではなく、韓国語の初級文法のまとめとしても活用できると思います。

　また、本書は初めて学ぶ方だけでなく、韓国語初級（「ハングル」能力検定試験の5級）レベルの方々にもお勧めします。「文字編」のあいさつや「会話編」の文法事項は「ハングル」能力検定試験5級に対応しており、「ハングル」能力検定試験4級レベルの語彙も含まれているので、検定試験の準備においても役に立ちます。

　是非、この練習帳を大いに活用してください。

2015年9月
金珉秀

CONTENTS

003 はじめに

文字編

- 006 **LESSON 1**
  基本母音字(中声)
  ㅏ ㅑ ㅓ ㅕ ㅗ ㅛ の練習

- 008 **LESSON 2**
  基本母音字(中声)
  ㅜ ㅠ ㅡ ㅣ の練習

- 010 **LESSON 3**
  合成母音字(中声)
  ㅔ ㅖ ㅐ ㅒ の練習

- 012 **LESSON 4**
  合成母音字(中声)
  ㅘ ㅙ ㅚ ㅞ の練習

- 014 **LESSON 5**
  合成母音字(中声)
  ㅝ ㅟ ㅢ の練習

- 016 **LESSON 6**
  子音字(初声・終声)
  ㅇ ㄴ ㅁ の練習

- 020 **LESSON 7**
  子音字(初声・終声)
  ㄹ の練習

- 023 **LESSON 8**
  子音字(初声・終声)
  ㄱ ㅋ ㄲ の練習

- 027 **LESSON 9**
  子音字(初声・終声)
  ㅂ ㅍ ㅃ の練習

- 031 **LESSON 10**
  子音字(初声・終声)
  ㄷ ㅌ ㄸ の練習

- 035 **LESSON 11**
  子音字(初声・終声)
  ㅈ ㅊ ㅉ の練習

- 039 **LESSON 12**
  子音字(初声・終声)
  ㅅ ㅆ ㅎ の練習

- 043 **LESSON 13**
  子音の名前

- 045 復習1、復習2

会話編

- 048 **LESSON 1**
  趣味、職業、国籍などを尋ねる
  文法 助詞「が(가/이)」
  助詞「は(는/은)」
  疑問詞「何(뭐)」
  名詞+です(か) -예요/이에요
  名詞+ではありません(か) -가/이 아니에요
  語彙 趣味、職業、国籍、血液型

- 053 **LESSON 2**
  家族構成、場所を尋ねる
  文法 助詞「も(도)」
  助詞「と(하고)」
  助詞「(場所・物)に(에)」
  語彙 家族、場所、物

- 058 **LESSON 3**
  場所、位置を尋ねる
  文法 疑問詞「どこ(어디)」
  指示代名詞
  「ここ、そこ、あそこ(여기、거기、저기)」
  助詞「의(の)」の省略
  語彙 場所、位置、物

- 064 **LESSON 4**
  身の回りのものを尋ねる
  文法 指示代名詞「こそあ(이그저)」
  指示代名詞の縮約形
  疑問詞「誰(누구)」
  助詞「의(の)」の省略
  〜と言います -(이)라고해요
  語彙 〜語で、物、食べ物、動物

- 069 **LESSON 5**
  疑問詞を使って尋ねる
  文法 疑問詞「いつ(언제)」
  疑問詞「いくら(얼마)」
  疑問詞「何〜(몇)」
  漢数詞を使う単位
  固有数詞を使う単位
  語彙 漢数詞、固有数詞

077 LESSON 6
日課を尋ねる
- **文法**
  - 助詞「(場所)で (에서)」
  - 助詞「を (를 / 을)」
  - ます・です(か) -아/어요
  - 「안」否定
  - ㄷ不規則用言
  - ㄹ不規則用言
- **語彙** 日課、食べ物

088 LESSON 7
時間を尋ねる
- **文法**
  - 助詞「(手段)で (로/으로)」
  - 助詞「(時間)から (時間)まで
    -부터 -까지」
  - 助詞「(場所)から (場所)まで
    -에서 -까지」
  - 疑問詞「どれくらい (얼마나)」
  - 時間の言い方
- **語彙** 時間

095 LESSON 8
過去を尋ねる
- **文法**
  - ました・でした(か) -았/었어요
  - 名詞+でした(か) -였어요/이었어요
- **語彙** 日課

103 LESSON 9
意見を尋ねる
- **文法**
  - 並列 〜(く)て -고
  - 動詞の先行 〜て(から) -고
  - 逆接 〜けれど -지만
  - ㅂ不規則用言
  - ㅇ不規則用言
- **語彙** 天気、形容詞

109 LESSON 10
願望を尋ねる
- **文法**
  - 助詞「(人)に (한테＝에게)」
  - 願望 〜たいです -고 싶어요
  - 〜になる -가/이 되다
  - 〜になりたいです -가/이 되고 싶어요
  - 仮定 〜たら、〜すれば -(으)면
- **語彙** 物、動詞、職業

117 LESSON 11
好きなものを尋ねる
- **文法**
  - 疑問詞「何の (무슨)」
  - 疑問詞「どんな (어떤)」
  - 〜が好きです -를/을 좋아해요、-가/이 좋아요
  - 〜が嫌いです -를/을 싫어해요、-가/이 싫어요
  - 形容詞の連体形 -ㄴ/은
  - 있다/없다の連体形 -는
  - 動詞の連体形 -는
- **語彙** 季節、動物、性格、果物、色

125 LESSON 12
かしこまった表現で尋ねる
- **文法**
  - (かしこまった) 名詞+です -입니다
  - 名詞+ですか -입니까
  - (かしこまった) 〜ではありません
    -가/이 아닙니다
  - (かしこまった) 〜ではありませんか
    -가/이 아닙니까
  - (かしこまった) です・ます -ㅂ/습니다
  - ですか・ますか -ㅂ/습니까
  - (かしこまった) でした・ました
    -았/었습니다
  - でしたか・ましたか -았/었습니까
  - (かしこまった) 名詞+でした
    였습니다/이었습니다
  - 名詞+でしたか -였습니까/이었습니까
  - 「지 않다」否定
- **語彙** 頻度副詞、日課

136 LESSON 13
予定を尋ねる
- **文法**
  - 意志 〜するつもりです -(으)ㄹ거예요
  - 移動の目的 〜しに -(으)러
- **語彙** 場所、服、〜の時、予定

142 LESSON 14
意向を尋ねる
- **文法**
  - 助詞「(方向)へ -(으)로」
  - 勧誘 〜しましょうか -(으)ㄹ까요？
  - 勧誘 〜しましょう -아/어요
  - 勧誘 (かしこまった) 〜しましょう
    -ㅂ/읍시다
  - 理由 〜なんですよ -거든요
  - 依頼 〜してください -아/어 주세요
- **語彙** プレゼント、映画、食べ物

150 LESSON 15
確認する、道を尋ねる
- **文法**
  - 確認名詞+でしょう？ -(이)죠？
  - 確認用言+ますよね・ですよね？ -죠？
  - 丁寧化の表現〜です -(이)요
  - 命令〜してください -(으)세요
- **語彙** 地名

158 LESSON 16
尊敬表現を使って尋ねる、
理由を尋ねる
- **文法**
  - 敬語名詞+でいらっしゃいます(か)
    -(이)세요
  - 敬語用言+なさいます(か) -(으)세요
  - 特別敬語
  - 理由〜からです -아/어서요
  - 理由〜して、〜くて -아/어서
- **語彙** 日課、韓国語を習う理由

166 解答

文字編

LESSON 1
基本母音字(中声)
ト ㅑ ㅓ ㅕ ㅗ ㅛ の練習

日付　　年　月　日

達成度　□ 完璧!　□ まあまあ　□ もう少し

練習❶　次の母音を書いてみましょう。

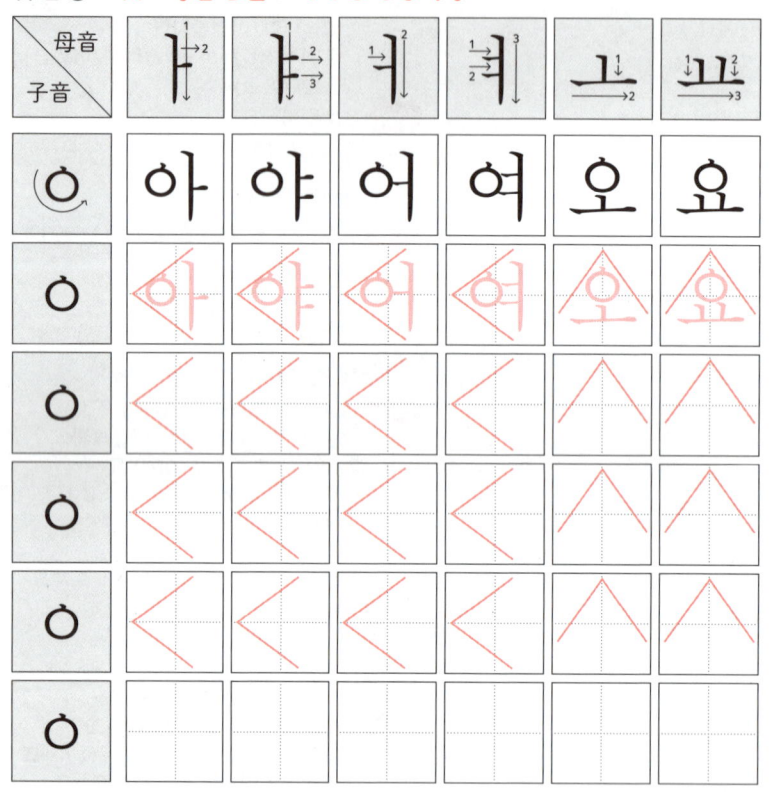

母音 / 子音	ㅏ	ㅑ	ㅓ	ㅕ	ㅗ	ㅛ
ㅇ	아	야	어	여	오	요
ㅇ	아	야	어	여	오	요
ㅇ						
ㅇ						
ㅇ						
ㅇ						

文字編 LESSON **1**
基本母音字（中声）

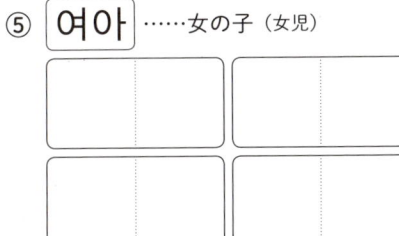

練習❷　次の単語を書いてみましょう。

① 오 ……5

② 야 ……おい、ねえ

③ 요 ……敷布団

④ 요요 ……ヨーヨー

⑤ 여아 ……女の子（女児）

ㅏ
ㅑ
ㅓ
ㅕ
ㅗ
ㅛ

007

文字編

LESSON 2
基本母音字（中声）
ㅜ ㅠ ㅡ ㅣ の練習

日付　年　月　日

達成度　□ 😊 完璧！　□ 😐 まあまあ　□ 😟 もう少し

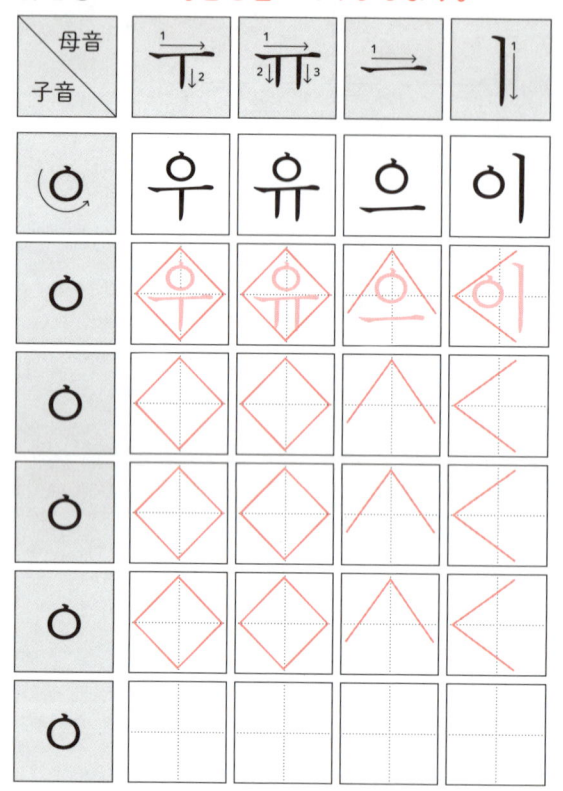

練習❶　次の母音を書いてみましょう。

母音/子音	ㅜ	ㅠ	ㅡ	ㅣ
ㅇ	우	유	으	이
ㅇ	우	유	으	이
ㅇ				
ㅇ				
ㅇ				
ㅇ				

008

文字編 LESSON **2**
基本母音字（中声）

ㅜ
ㅠ
ㅡ
ㅣ

練習❷ 次の単語を書いてみましょう。

① 이 ……2

② 우유 ……牛乳

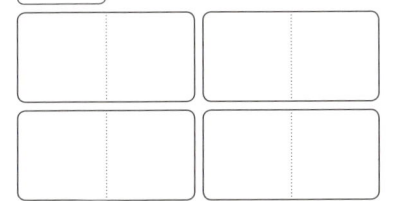

③ 아이 ……子供

④ 오이 ……きゅうり

⑤ 여우 ……キツネ

⑥ 여유 ……余裕

⑦ 이유 ……理由

⑧ 유아 ……幼児

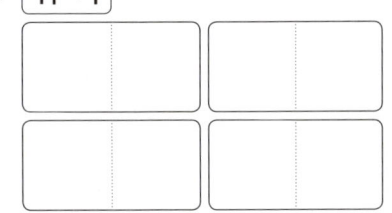

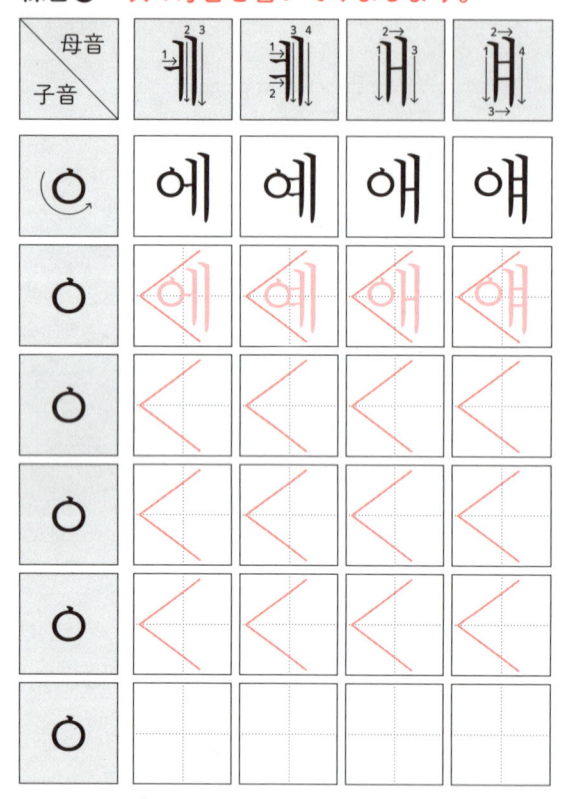

文字編

LESSON 3
合成母音字（中声）
ㅔ ㅖ ㅐ ㅒ の練習

日付　　年　月　日　　達成度　□ 完璧！　□ まあまあ　□ もう少し

練習❶　次の母音を書いてみましょう。

母音＼子音	ㅔ	ㅖ	ㅐ	ㅒ
ㅇ	에	예	애	얘
ㅇ	에	예	애	얘
ㅇ				
ㅇ				
ㅇ				
ㅇ				

010

文字編 LESSON 3
合成母音字（中声）

練習❷ 次の単語を書いてみましょう。

① 애 ……子供　아이の縮約形

② 얘 ……この子　이 아이の縮約形

③ 예 ……はい

④ 에이 ……A

⑤ 에어 ……エア

⑥ 우애 ……友愛

ㅖ
ㅔ
ㅒ
ㅐ

011

文字編

LESSON 4
合成母音字（中声）
ㅘ ㅙ ㅚ ㅞ の練習

日付　　年　月　日

達成度　□ 😊 完璧!　□ 😐 まあまあ　□ 😟 もう少し

練習❶ 次の母音を書いてみましょう。

母音 / 子音	ㅘ	ㅙ	ㅚ	ㅞ
ㅇ	와	왜	외	웨
ㅇ	와	왜	외	웨
ㅇ				
ㅇ				
ㅇ				
ㅇ				

012

文字編 LESSON 4
合成母音字（中声）

ㅘ
ㅙ
ㅚ
ㅞ

練習❷ 次の単語を書いてみましょう。

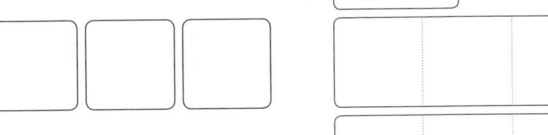

① 왜 ……なぜ

② 왜요? ……なぜですか？

③ 와이 ……Y

④ 와요 ……来ます

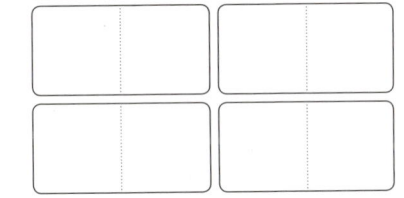

⑤ 외야 ……外野

⑥ 야외 ……野外

⑦ 예외 ……例外

⑧ 웨어 ……ウェア

013

文字編

LESSON 5
合成母音字（中声）
ㅝ ㅟ ㅢ の練習

日付 　年　月　日　**達成度** □ 😊 完璧！　□ 😐 まあまあ　□ 😟 もう少し

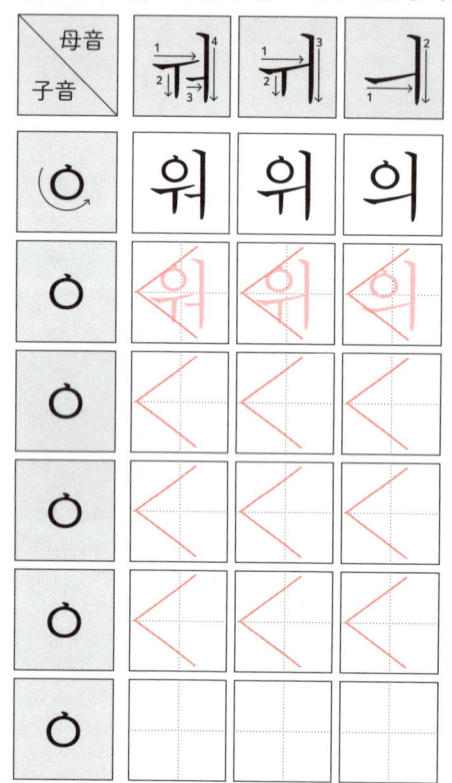

練習❶ 次の母音を書いてみましょう。

母音 / 子音	ㅝ	ㅟ	ㅢ
ㅇ	워	위	의
ㅇ	워	위	의
ㅇ			
ㅇ			
ㅇ			
ㅇ			

014

文字編 LESSON 5
合成母音字（中声）

練習❷ 次の単語を書いてみましょう。

① 위 ……上

② 아워 ……アワー

③ 예의 ……礼儀

④ 유의어 ……類義語

⑤ 의외 ……意外

ㅟ
ㅕ
ㅢ

LESSON 6

子音字（初声・終声）
O ㄴ ㅁ の練習

日付 年 月 日 **達成度** □ 完璧！ □ まあまあ □ もう少し

練習❶ 次の子音を母音と組み合わせて書いてみましょう。

母音/子音	ㅏ	ㅣ	ㅜ	ㅡ	ㅔ	ㅐ	ㅗ	ㅓ
ㅇ	아	이	우	으	에	애	오	어
ㅇ	아	이	우	으	에	애	오	어
ㅇ								
ㅇ								
ㄴ	나	니	누	느	네	내	노	너
ㄴ	나	니	누	느	네	내	노	너
ㄴ								
ㄴ								

文字編 LESSON **6**
子音字（初声・終声）

母音 / 子音	ㅏ	ㅣ	ㅜ	ㅡ	ㅔ	ㅐ	ㅗ	ㅓ
ㅁ	마	미	무	므	메	매	모	머
ㅁ								
ㅁ								
ㅁ								

ㅇ
ㄴ
ㅁ

練習❷ パッチムのある文字を書いてみましょう。

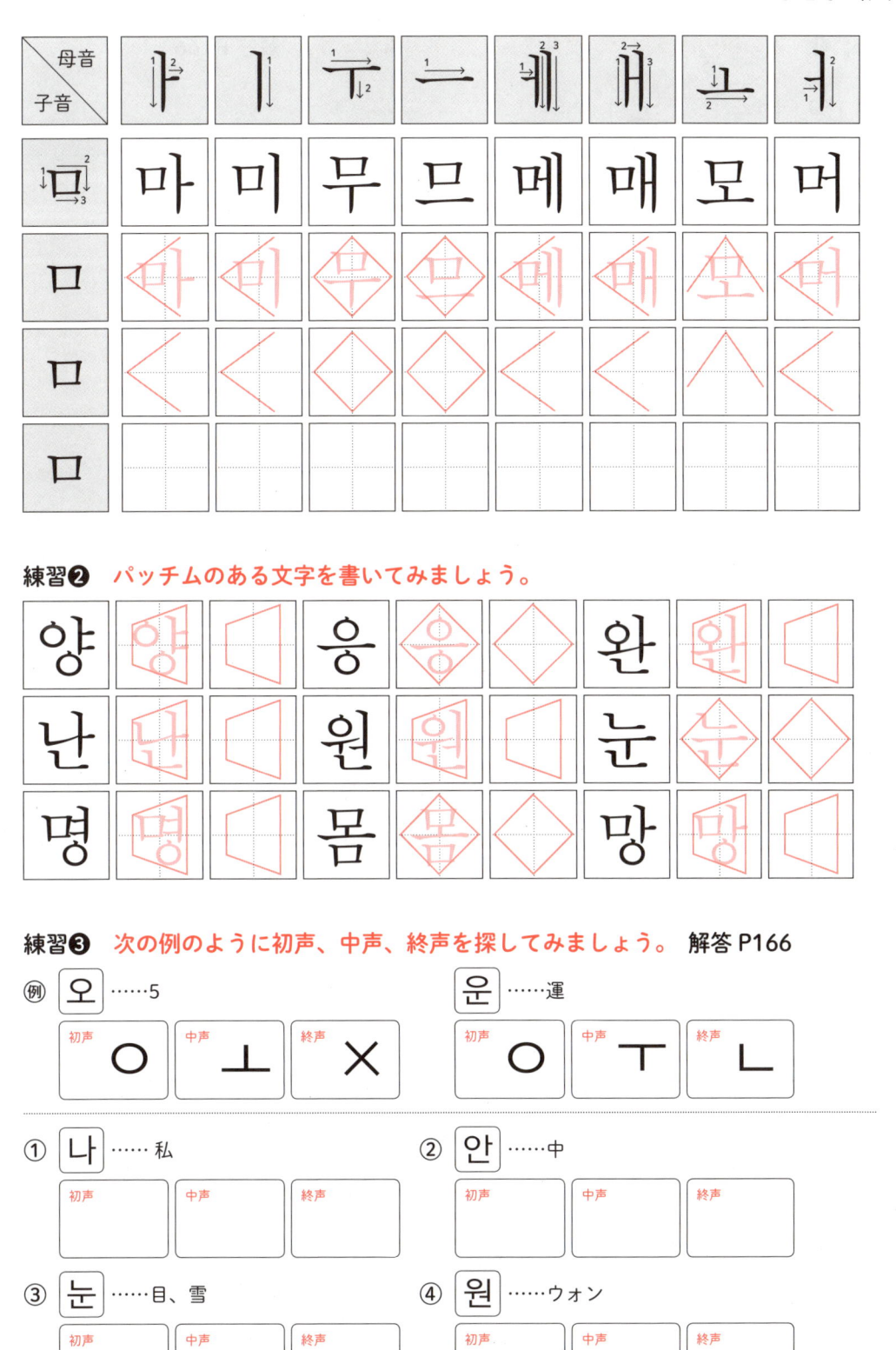

양			응			완		
난			원			눈		
명			몸			망		

練習❸ 次の例のように初声、中声、終声を探してみましょう。　解答 P166

㋹ 오 ……5

初声	中声	終声
ㅇ	ㅗ	×

운 ……運

初声	中声	終声
ㅇ	ㅜ	ㄴ

① 나 ……私

初声	中声	終声

② 안 ……中

初声	中声	終声

③ 눈 ……目、雪

初声	中声	終声

④ 원 ……ウォン

初声	中声	終声

017

練習❹ 次の例のようにハングルを完成してみましょう。　解答 P166

例　ㅇ ＋ ㅗ ＝ **오** ……5

　　ㅇ ＋ ㅜ ＋ ㄴ ＝ **운** ……運

① ㅇ ＋ ㅣ ＝ □ ……2

② ㅁ ＋ ㅜ ＝ □ ……大根

③ ㅇ ＋ ㅑ ＋ ㅇ ＝ □ ……羊

④ ㅁ ＋ ㅗ ＋ ㅁ ＝ □ ……身体

練習❺ 次の単語を書いてみましょう。

① 무 ……大根

② 네 ……はい

③ 아뇨 ……いいえ

④ 누나 ……（弟から見た）姉

⑤ 메뉴 ……メニュー

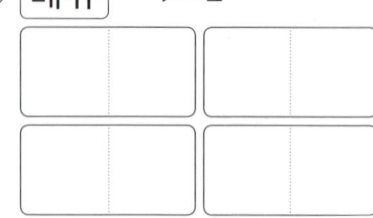

⑥ 나무 ……木

文字編 LESSON **6**
子音字（初声・終声）

⑦ 어머니 ……母　　⑧ 뭐예요? ……何ですか？

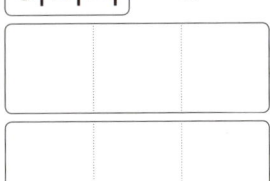

○
ㄴ
ㅁ

練習❻　次の単語を書いてみましょう。

① 양 ……羊

② 영 ……0、ゼロ

③ 왕 ……王様

④ 언니 ……（妹から見た）姉

⑤ 원 ……ウォン（韓国の貨幣単位）

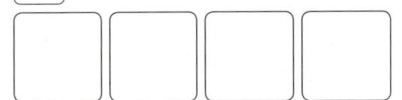

⑥ 눈 ……目、雪

⑦ 문 ……ドア

⑧ 몸 ……身体

019

文字編

LESSON 7
子音字（初声・終声）
ㄹ の練習

日付　年　月　日　達成度　□ 😊 完璧！　□ 🙂 まあまあ　□ 😟 もう少し

練習❶　次の子音を母音と組み合わせて書いてみましょう。

母音 子音	ㅏ	ㅣ	ㅜ	ㅡ	ㅔ	ㅐ	ㅗ	ㅓ
ㄹ	라	리	루	르	레	래	로	러
ㄹ	라	리	루	르	레	래	로	러
ㄹ								
ㄹ								

練習❷　パッチムのある文字を書いてみましょう。

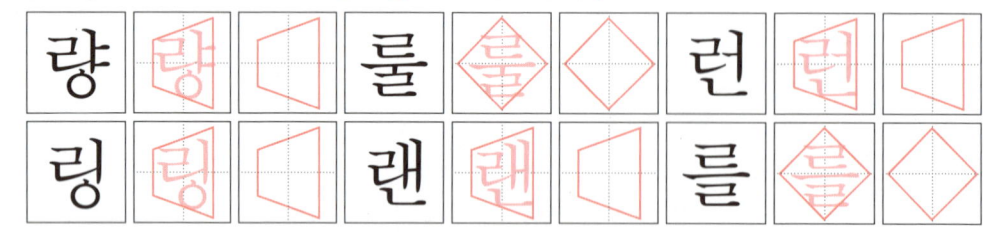

| 량 | 량 | | 룰 | 룰 | | 런 | 런 | |
| 링 | 링 | | 랜 | 랜 | | 를 | 를 | |

文字編 LESSON 7
子音字（初声・終声）

練習❸　次の例のように初声、中声、終声を探してみましょう。　解答 P166

例) 오 ……5　　初声 ㅇ　中声 ㅗ　終声 ✕

운 ……運　　初声 ㅇ　中声 ㅜ　終声 ㄴ

① 물 ……水　　初声 □　中声 □　終声 □

② 룰 ……ルール　　初声 □　中声 □　終声 □

練習❹　次の例のようにハングルを完成してみましょう。　解答 P166

例) ㅇ ＋ ㅗ ＝ 오 ……5

ㅇ ＋ ㅜ ＋ ㄴ ＝ 운 ……運

① ㄹ ＋ ㅔ ＝ □ ……（階名の）レ

② ㄹ ＋ ㅏ ＝ □ ……（階名の）ラ

③ ㅁ ＋ ㅏ ＋ ㄹ ＝ □ ……馬、言葉

練習❺ 次の単語を書いてみましょう。

① 나라 ……国

② 노래 ……歌

③ 머리 ……頭

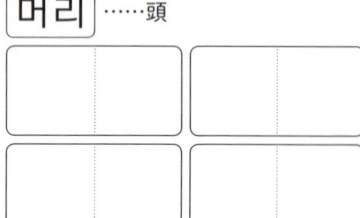

④ 요리 ……料理

練習❻ 次の単語を書いてみましょう。

① 일 ……1

② 말 ……馬、言葉

③ 물 ……水

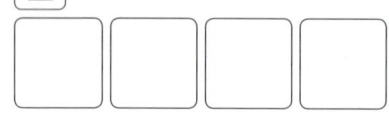

④ 양말 ……靴下

LESSON 8
子音字（初声・終声）
ㄱ ㅋ ㄲ の練習

日付　　　　　　達成度
年　月　日　　□ 😊 完璧！　□ 😊 まあまあ　□ 😊 もう少し

練習❶ 次の子音を母音と組み合わせて書いてみましょう。

母音\子音	ㅏ	ㅣ	ㅜ	ㅡ	ㅔ	ㅐ	ㅗ	ㅓ
平音 ㄱ	가	기	구	그	게	개	고	거
ㄱ	가	기	구	그	게	개	고	거
ㄱ								
ㄱ								
激音 ㅋ	카	키	쿠	크	케	캐	코	커
ㅋ	카	키	쿠	크	케	캐	코	커
ㅋ								
ㅋ								

母音 / 子音	ㅏ	ㅣ	ㅜ	ㅡ	ㅔ	ㅐ	ㅗ	ㅕ
(濃音) ㄲ	까	끼	꾸	끄	께	깨	꼬	꺼
ㄲ	까	끼	꾸	끄	께	깨	꼬	꺼
ㄲ								
ㄲ								

練習 ❷　パッチムのある文字を書いてみましょう。

각	각		국	국		권	권	
컥	컥		억	억		쿡	쿡	
깎	깎		쿡	쿡		꺽	꺽	

練習 ❸　次の例のように初声、中声、終声を探してみましょう。　解答 P166

例　오 ……5

初声	中声	終声
ㅇ	ㅗ	×

운 ……運

初声	中声	終声
ㅇ	ㅜ	ㄴ

① 개 ……犬

初声	中声	終声

② 깨 ……ゴマ

初声	中声	終声

③ 곡 ……曲

初声	中声	終声

④ 꼭 ……きっと

初声	中声	終声

文字編 LESSON 8
子音字（初声・終声）

練習❹　次の例のようにハングルを完成してみましょう。　解答 P166

例　ㅇ ＋ ㅗ ＝ 오 ……5

　　ㅇ ＋ ㅜ ＋ ㄴ ＝ 운 ……運

① ㄱ ＋ ㅜ ＝ ☐ ……9

② ㅋ ＋ ㅗ ＝ ☐ ……鼻

③ ㅇ ＋ ㅑ ＋ ㄱ ＝ ☐ ……薬

④ ㅋ ＋ ㅗ ＋ ㅇ ＝ ☐ ……豆

ㄱ
ㅋ
ㄲ

練習❺　次の単語を書いてみましょう。

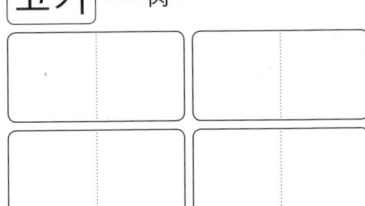

① 구 ……9

② 코 ……鼻

③ 스키 ……スキー

④ 야구 ……野球

⑤ 고기 ……肉

⑥ 과일 ……果物

025

⑦ 아까 ……さっき　　　⑧ 어깨 ……肩

⑨ 키위 ……キウイ　　　⑩ 게 ……カニ

練習❻　次の単語を書いてみましょう。

① 국 ……スープ　　　② 밖 ……外

③ 약국 ……薬局　　　④ 키읔 ……子音のㅋ名前

⑤ 악기 ……楽器　　　⑥ 국가 ……国家

⑦ 국기 ……国旗

LESSON 9
子音字（初声・終声）
ㅂ ㅍ ㅃ の練習

ㅂ
ㅍ
ㅃ

日付　　年　月　日

達成度　□ 😊 完璧!　□ 🙂 まあまあ　□ 😟 もう少し

練習❶ 次の子音を母音と組み合わせて書いてみましょう。

母音\子音	ㅏ	ㅣ	ㅜ	ㅡ	ㅔ	ㅐ	ㅗ	ㅓ
平音 ㅂ	바	비	부	브	베	배	보	버
ㅂ								
ㅂ								
ㅂ								
激音 ㅍ	파	피	푸	프	페	패	포	퍼
ㅍ								
ㅍ								
ㅍ								

027

母音子音	ㅏ	ㅣ	ㅜ	ㅡ	ㅔ	ㅐ	ㅗ	ㅕ
濃音 ㅃ	빠	삐	뿌	쁘	뻬	빼	뽀	뼈
ㅃ	빠	삐	뿌	쁘	뻬	빼	뽀	뼈
ㅃ								
ㅃ								

練習❷ パッチムのある文字を書いてみましょう。

밥	밥		습	습		법	법	
밭	밭		옆	옆		늪	늪	
빨	빨		뻰	뻰		뽕	뽕	

練習❸ 次の例のように初声、中声、終声を探してみましょう。　解答 P166

例　오……5

初声	中声	終声
ㅇ	ㅗ	×

운……運

初声	中声	終声
ㅇ	ㅜ	ㄴ

① 밥……ご飯

初声	中声	終声

② 빵……パン

初声	中声	終声

③ 옆……横

初声	中声	終声

④ 뿔……角

初声	中声	終声

文字編 LESSON 9
子音字（初声・終声）

ㅂ
ㅍ
ㅃ

練習❹　次の例のようにハングルを完成してみましょう。　解答 P166

例　ㅇ ＋ ㅗ ＝ 오 ……5

　　ㅇ ＋ ㅜ ＋ ㄴ ＝ 운 ……運

① ㅂ ＋ ㅗ ＝ ☐ ……（じゃんけんの）パー

② ㅃ ＋ ㅕ ＝ ☐ ……骨

③ ㅂ ＋ ㅏ ＋ ㅇ ＝ ☐ ……部屋

④ ㅂ ＋ ㅐ ＋ ㄱ ＝ ☐ ……百

練習❺　次の単語を書いてみましょう。

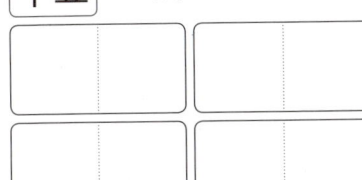

① 비 ……雨

② 피 ……血

③ 배 ……梨、お腹、船

④ 커피 ……コーヒー

⑤ 우표 ……切手

⑥ 오빠 ……（妹から見た）兄

⑦ 뽀뽀 ……チュー

029

⑧ 예뻐요 ……きれいです

⑨ 발 ……足

⑩ 봄 ……春

⑪ 일본 ……日本

⑫ 연필 ……鉛筆

練習❻　次の単語を書いてみましょう。

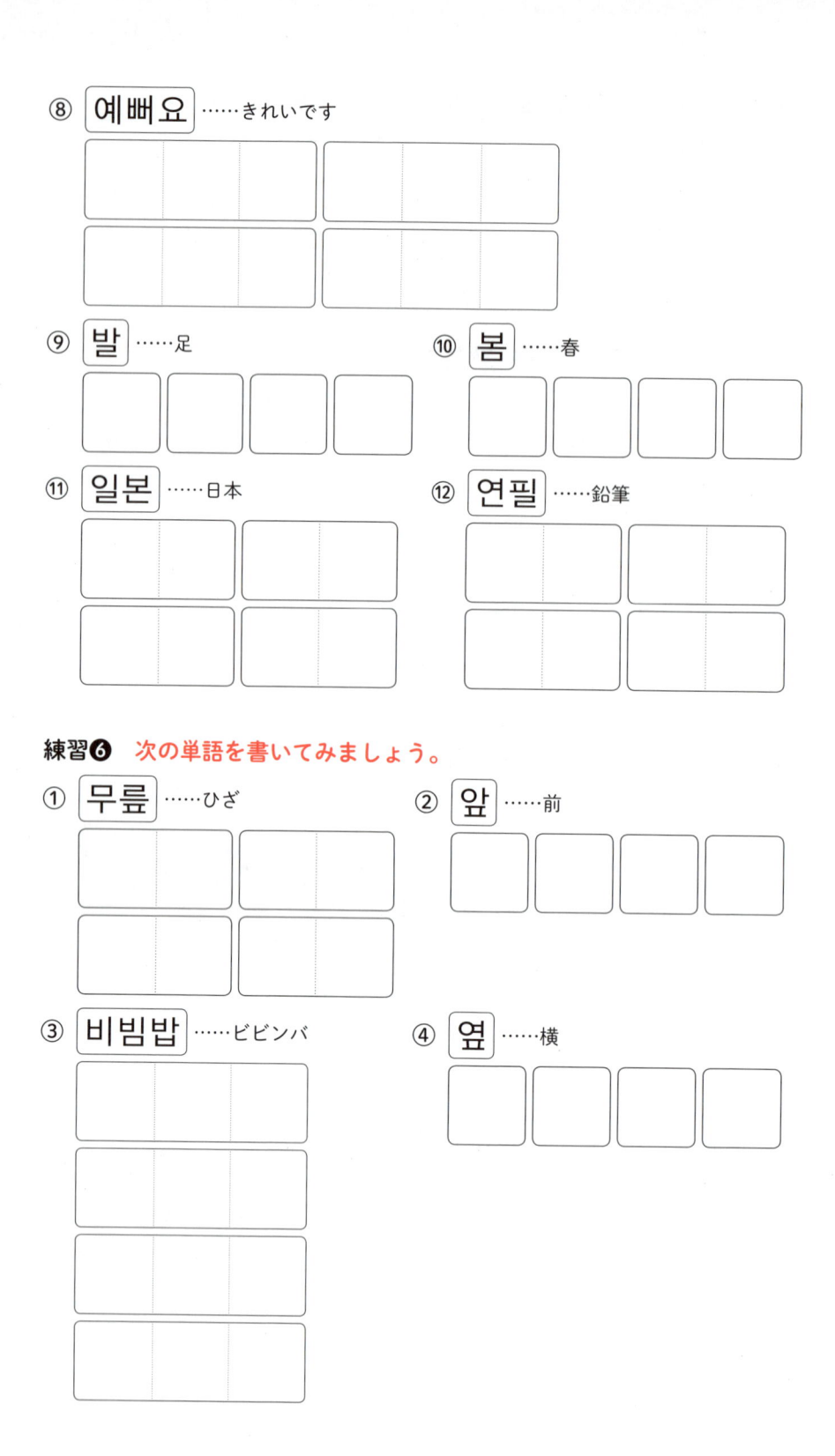

① 무릎 ……ひざ

② 앞 ……前

③ 비빔밥 ……ビビンバ

④ 옆 ……横

LESSON 10
子音字（初声・終声）
ㄷ ㅌ ㄸ の練習

日付　年　月　日　　達成度　□ 😄 完璧!　□ 🙂 まあまあ　□ 😟 もう少し

練習❶　次の子音を母音と組み合わせて書いてみましょう。

母音 子音	ㅏ	ㅣ	ㅜ	ㅡ	ㅔ	ㅐ	ㅗ	ㅓ
平音 ㄷ	다	디	두	드	데	대	도	더
ㄷ								
ㄷ								
ㄷ								
激音 ㅌ	타	티	투	트	테	태	토	터
ㅌ								
ㅌ								
ㅌ								

母音 / 子音	ㅏ	ㅣ	ㅜ	ㅡ	ㅔ	ㅐ	ㅗ	ㅓ
ㄸ (濃音)	따	띠	뚜	뜨	떼	때	또	떠

練習❷ パッチムのある文字を書いてみましょう。

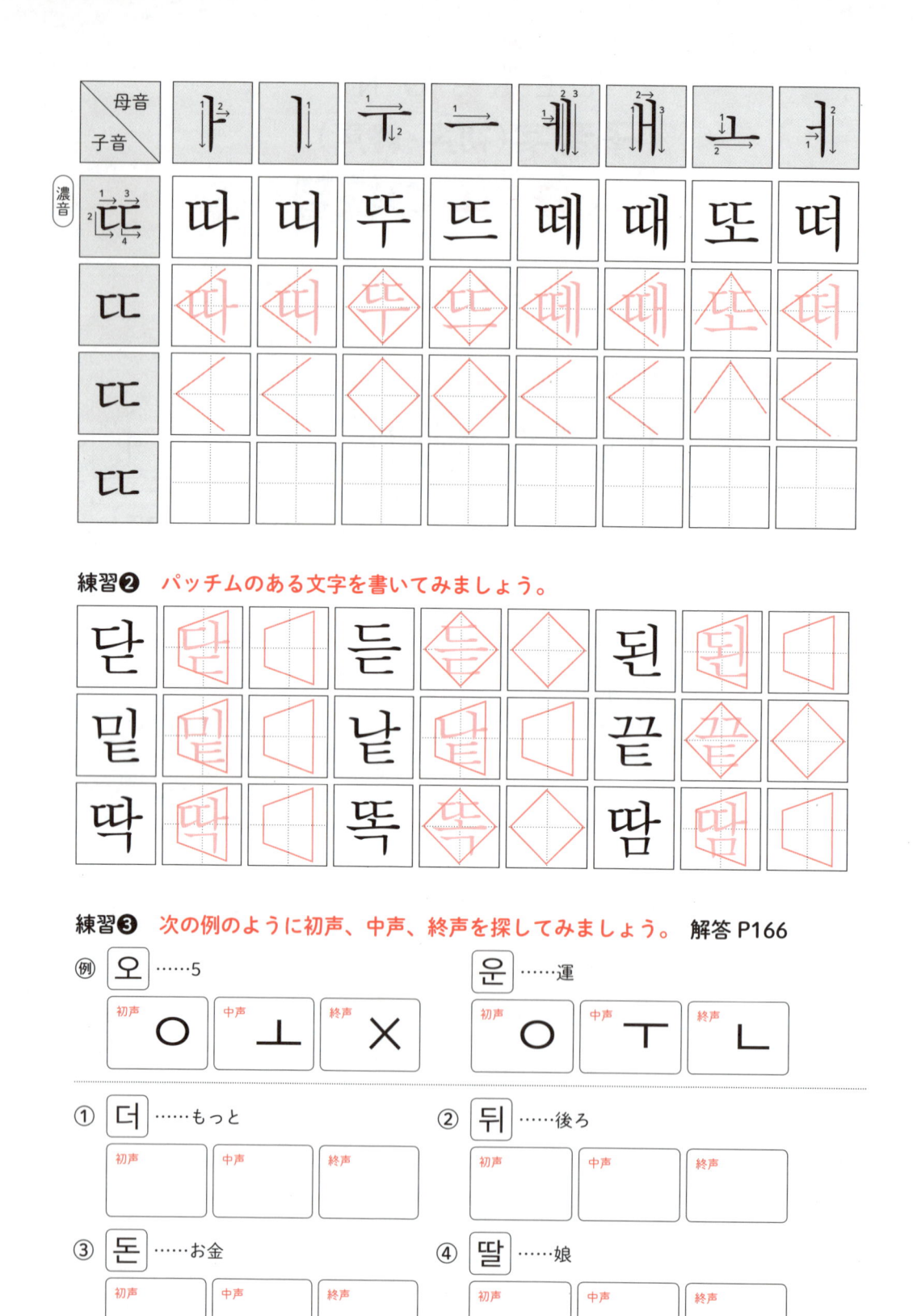

단			든			된		
밑			낱			끝		
딱			똑			땀		

練習❸ 次の例のように初声、中声、終声を探してみましょう。　解答 P166

例）오 ……5

初声	中声	終声
ㅇ	ㅗ	×

운 ……運

初声	中声	終声
ㅇ	ㅜ	ㄴ

① 더 ……もっと

初声	中声	終声

② 뒤 ……後ろ

初声	中声	終声

③ 돈 ……お金

初声	中声	終声

④ 딸 ……娘

初声	中声	終声

文字編 **LESSON 10**
子音字（初声・終声）

ㄷ
ㅌ
ㄸ

練習❹　次の例のようにハングルを完成してみましょう。　解答 P166

㋟　ㅇ ＋ ㅗ ＝ **오** ……5

　　ㅇ ＋ ㅜ ＋ ㄴ ＝ **운** ……運

① ㄷ ＋ ㅗ ＝ □ ……（階名の）ド

② ㅌ ＋ ㅣ ＝ □ ……T

③ ㄸ ＋ ㅗ ＝ □ ……また

④ ㄸ ＋ ㅓ ＋ ㄱ ＝ □ ……餅

練習❺　次の単語を書いてみましょう。

① 두부 ……豆腐

② 바다 ……海

③ 아들 ……息子

④ 라디오 ……ラジオ

033

⑤ 파티 ……パーティ

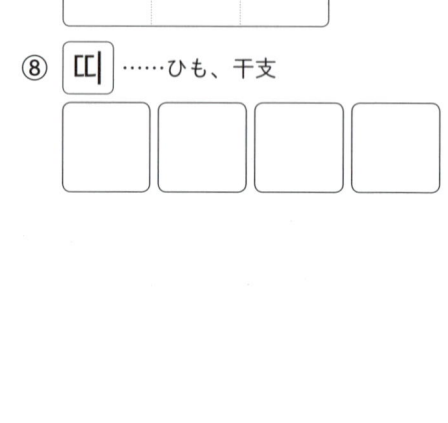

⑥ 아파트 ……マンション

⑦ 토마토 ……トマト

⑧ 띠 ……ひも、干支

練習❻　次の単語を書いてみましょう。

① 곧 ……すぐ

② 솥 ……釜

③ 밑 ……下

④ 끝 ……終わり

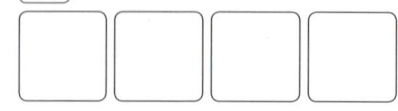

LESSON 11
子音字(初声・終声)
ス ネ ㅉ の練習

日付　　年　月　日

達成度　□ 完璧!　□ まあまあ　□ もう少し

練習❶ 次の子音を母音と組み合わせて書いてみましょう。

母音/子音	ㅏ	ㅣ	ㅜ	ㅡ	ㅔ	ㅐ	ㅗ	ㅓ
平音 ㅈ	자	지	주	즈	제	재	조	저
ㅈ								
ㅈ								
ㅈ								
激音 ㅊ	차	치	추	츠	체	채	초	처
ㅊ								
ㅊ								
ㅊ								

035

母音/子音	ㅏ	ㅣ	ㅜ	ㅡ	ㅔ	ㅐ	ㅗ	ㅕ
濃音 ㅉ	짜	찌	쭈	쯔	쩨	째	쪼	쩌
ㅉ								
ㅉ								
ㅉ								

練習❷ パッチムのある文字を書いてみましょう。

짗			늦			벗		
빛			찰			읏		
짰			좇			꽂		

練習❸ 次の例のように初声、中声、終声を探してみましょう。　解答 P166

例 오 ……5

初声	中声	終声
ㅇ	ㅗ	×

운 ……運

初声	中声	終声
ㅇ	ㅜ	ㄴ

① 제 ……私の

初声	中声	終声

② 천 ……千

初声	中声	終声

③ 낮 ……昼

初声	中声	終声

④ 꽃 ……花

初声	中声	終声

文字編 LESSON 11
子音字（初声・終声）

練習❹ 次の例のようにハングルを完成してみましょう。　解答 P166

例) ㅇ ＋ ㅗ ＝ 오 ……5

ㅇ ＋ ㅜ ＋ ㄴ ＝ 운 ……運

① ㅈ ＋ ㅏ ＝ ☐ ……定規

② ㅊ ＋ ㅏ ＝ ☐ ……車、お茶

③ ㅊ ＋ ㅣ ＋ ㄹ ＝ ☐ ……7

④ ㅂ ＋ ㅣ ＋ ㅊ ＝ ☐ ……光

ㅈ
ㅊ
ㅉ

練習❺ 次の単語を書いてみましょう。

① 저 ……私

② 여자 ……女性

③ 모자 ……帽子

④ 치즈 ……チーズ

⑤ 치마 ……スカート

⑥ 야채 ……野菜

037

⑦ 찌개 ……鍋物

⑧ 가짜 ……偽物

⑨ 돼지 ……豚

⑩ 고추 ……トウガラシ

練習❻ 次の単語を書いてみましょう。

① 낮 ……昼

② 낯 ……顔面

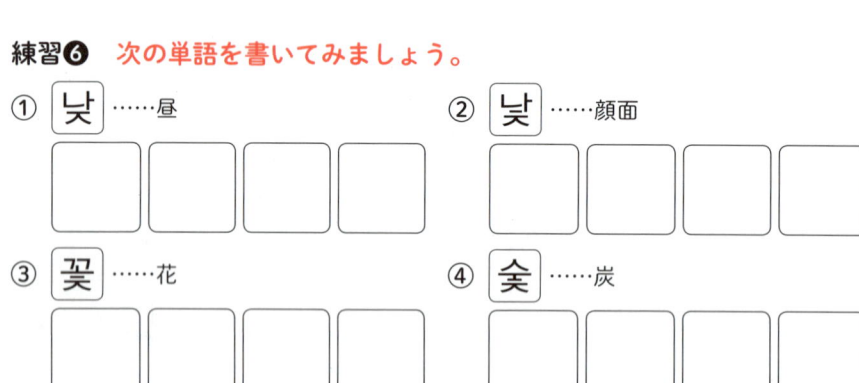

③ 꽃 ……花

④ 숯 ……炭

LESSON 12
子音字（初声・終声）
ㅅ ㅆ ㅎ の練習

日付　　年　月　日

達成度　☐ 😊 完璧！　☐ 🙂 まあまあ　☐ 😟 もう少し

練習❶ 次の子音を母音と組み合わせて書いてみましょう。

母音\子音	ㅏ	ㅣ	ㅜ	ㅡ	ㅔ	ㅐ	ㅗ	ㅓ
平音 ㅅ	사	시	수	스	세	새	소	서
濃音 ㅆ	싸	씨	쑤	쓰	쎄	쌔	쏘	써

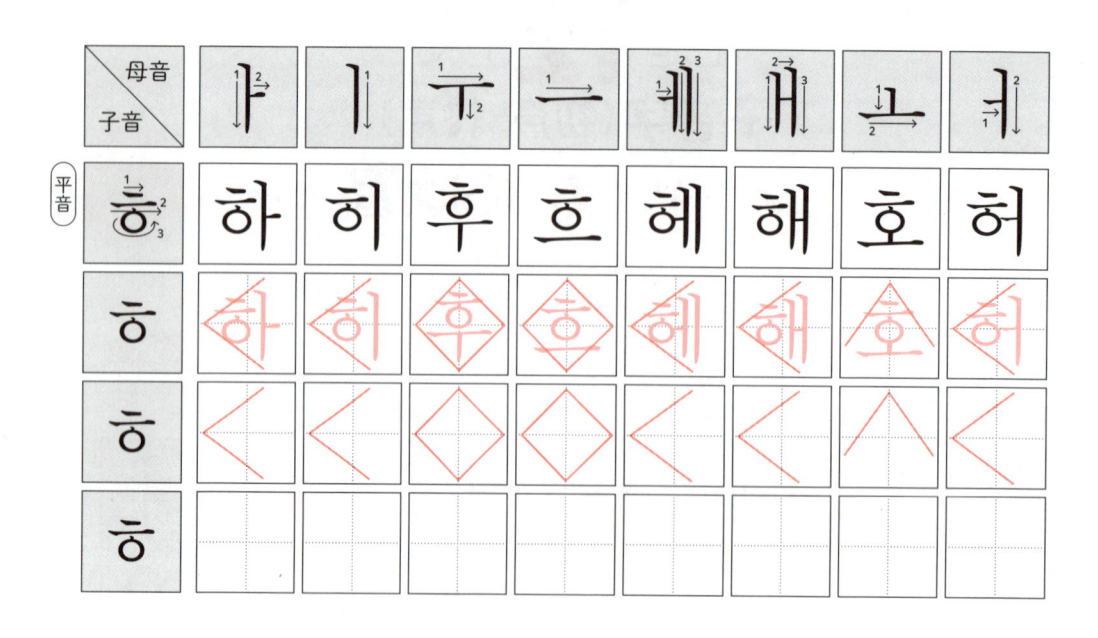

子音＼母音	ㅏ	ㅣ	ㅜ	ㅡ	ㅔ	ㅐ	ㅗ	ㅓ
平音 ㅎ	하	히	후	흐	헤	해	호	허
ㅎ	하	히	후	흐	헤	해	호	허
ㅎ								
ㅎ								

練習❷ パッチムのある文字を書いてみましょう。

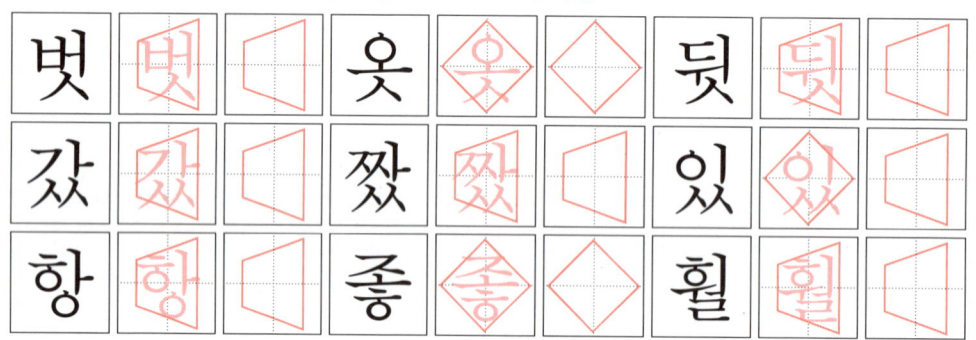

벗			옷			뒷		
갔			쨌			있		
항			좋			훨		

練習❸ 次の例のように初声、中声、終声を探してみましょう。　解答 P166

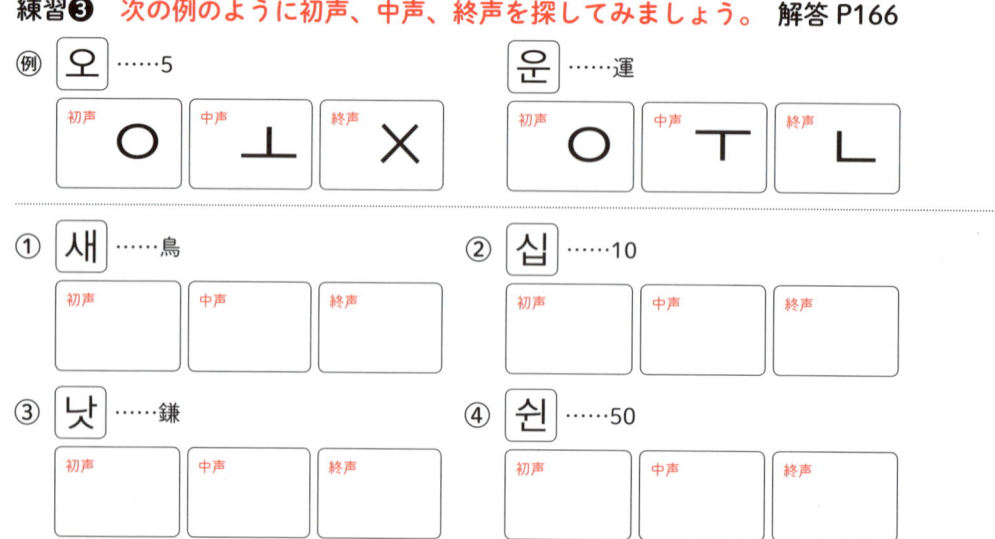

例） 오 …… 5

初声	中声	終声
ㅇ	ㅗ	×

운 …… 運

初声	中声	終声
ㅇ	ㅜ	ㄴ

① 새 …… 鳥

初声	中声	終声

② 십 …… 10

初声	中声	終声

③ 낫 …… 鎌

初声	中声	終声

④ 쉰 …… 50

初声	中声	終声

文字編 LESSON 12
子音字（初声・終声）

ㅅ
ㅆ
ㅎ

練習❹ 次の例のようにハングルを完成してみましょう。　解答 P166

例）ㅇ ＋ ㅗ ＝ 오 ……5

ㅇ ＋ ㅜ ＋ ㄴ ＝ 운 ……運

① ㅅ ＋ ㅣ ＝ □ ……詩

② ㅎ ＋ ㅐ ＝ □ ……太陽

③ ㅇ ＋ ㅗ ＋ ㅅ ＝ □ ……服

④ ㅅ ＋ ㅜ ＋ ㄹ ＝ □ ……酒

練習❺ 次の単語を書いてみましょう。

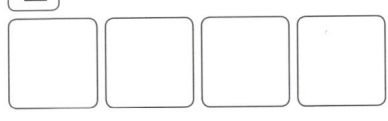

① 사과 ……リンゴ

② 버스 ……バス

③ 택시 ……タクシー

④ 시계 ……時計

⑤ 쌀 ……米

⑥ 하나 ……1つ

041

⑦ 학생 ……学生

⑧ 한국 ……韓国

⑨ 주세요 ……ください

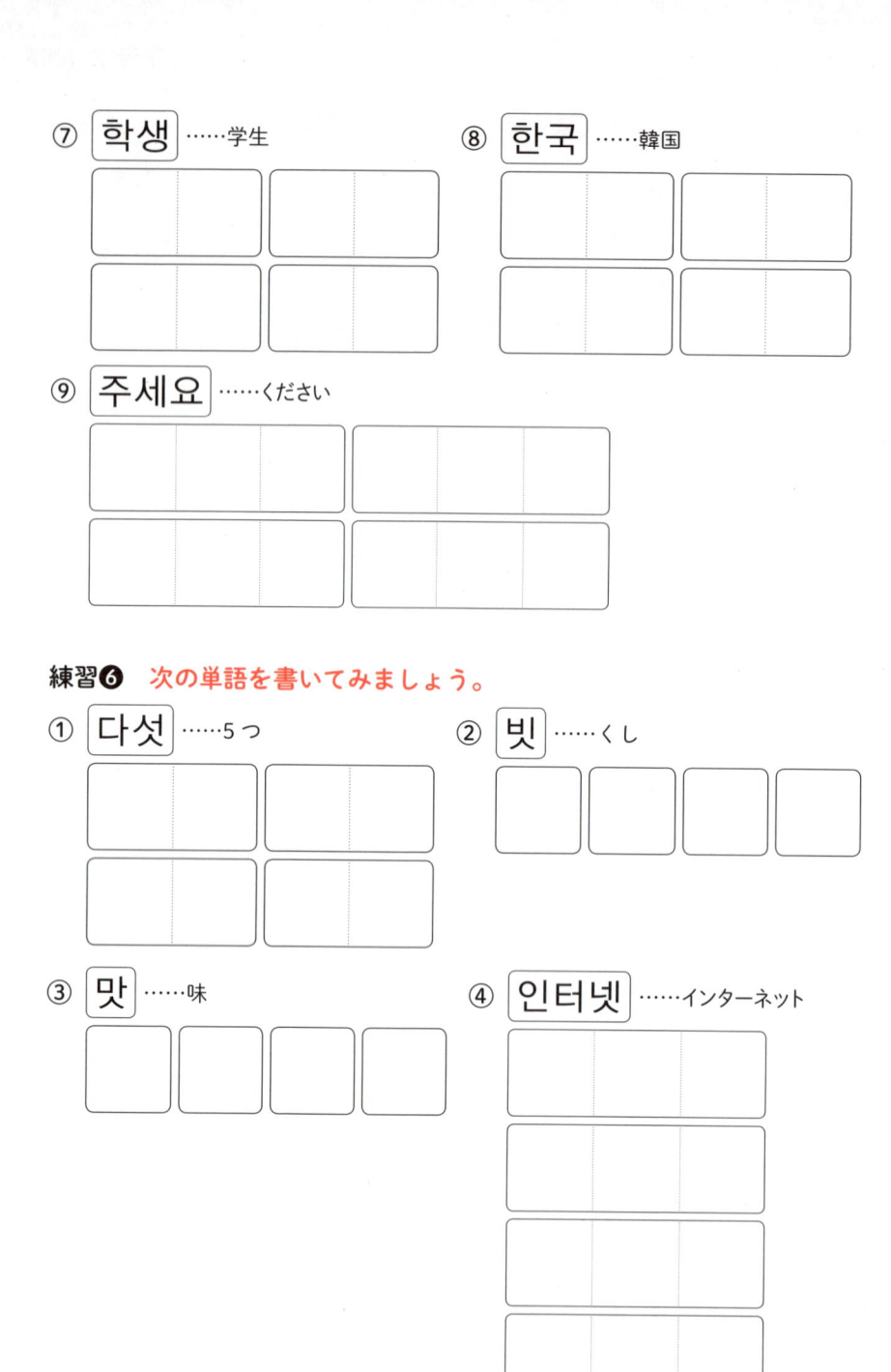

練習❻ 次の単語を書いてみましょう。

① 다섯 ……5つ

② 빗 ……くし

③ 맛 ……味

④ 인터넷 ……インターネット

LESSON 13
子音の名前

日付　年　月　日　　達成度　☐ 😊 完璧!　☐ 🙂 まあまあ　☐ 😕 もう少し

≪子音の名前を書いてみましょう≫

子音	子音の名前 →	「ㄱ, ㄷ, ㅅ」以外は、子音に ｜ を付けて、次にㅇの下にその子音を書く。

ㄱ	기역	기역					
ㄴ	니은	니은					
ㄷ	디귿	디귿					
ㄹ	리을	리을					
ㅁ	미음	미음					
ㅂ	비읍	비읍					
ㅅ	시옷	시옷					
ㅇ	이응	이응					
ㅈ	지읒	지읒					
ㅊ	치읓	치읓					
ㅋ	키읔	키읔					
ㅌ	티읕	티읕					
ㅍ	피읖	피읖					
ㅎ	히읗	히읗					

| 子音 | 「쌍（双）」は対、ペアの意味。つまり、「쌍기역」は「기역」が2つ。 |

ㄲ	쌍기역	쌍기역	
ㄸ	쌍디귿	쌍디귿	
ㅃ	쌍비읍	쌍비읍	
ㅆ	쌍시옷	쌍시옷	
ㅉ	쌍지읒	쌍지읒	

復習1
基本母音字と基本子音字

日付　　　　　　達成度
年　月　日　　□ 😊 完璧!　□ 😐 まあまあ　□ 😣 もう少し

≪基本母音字と基本子音字の組み合わせを書いてみましょう≫

母音 子音	ㅏ	ㅑ	ㅓ	ㅕ	ㅗ	ㅛ	ㅜ	ㅠ	ㅡ	ㅣ
ㄱ										
ㄴ										
ㄷ										
ㄹ										
ㅁ										
ㅂ										
ㅅ										
ㅇ										
ㅈ										
ㅊ										
ㅋ										
ㅌ										
ㅍ										

045

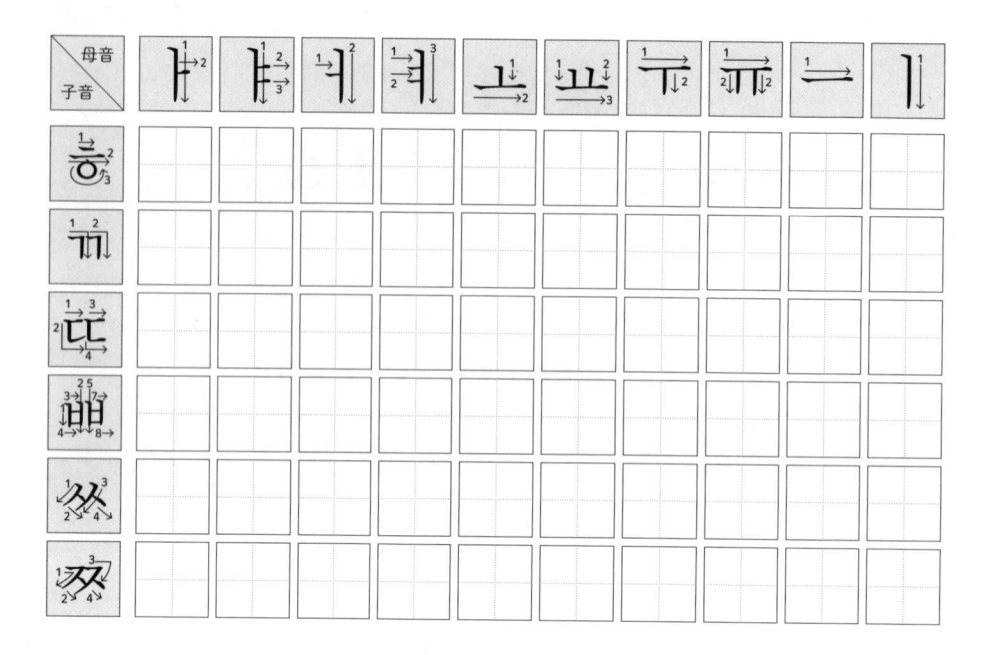

母音 子音	ㅑ	ㅒ	ㅕ	ㅖ	ㅗ	ㅛ	ㅜ	ㅠ	ㅡ	ㅣ
ㅎ										
ㄲ										
ㄸ										
ㅃ										
ㅆ										
ㅉ										

復習2
2文字のパッチム(終声)

日付　年　月　日

達成度　□ 完璧!　□ まあまあ　□ もう少し

≪パッチムのある文字を書いてみましょう。≫

닭	닭			흙	흙		
넋	넋			삯	삯		
읽	읽			못	못		
앉	앉			많	많		
많	많			않	않		
밟	밟			곬	곬		
짧	짧			넓	넓		
핥	핥			싫	싫		
값	값			없	없		
읊	읊			젊	젊		
삶	삶			닮	닮		

会話編

LESSON 1
趣味、職業、国籍などを尋ねる

文法
助詞「が（가/이）」
助詞「は（는/은）」
疑問詞「何（뭐）」
名詞＋です(か)　-예요/이에요
名詞＋ではありません(か)
　　　　　-가/이 아니에요

語彙
趣味
職業
国籍
血液型

日付　　年　月　日
達成度　□ 😀 完璧！　□ 😊 まあまあ　□ 😐 もう少し

助詞 が　-가/이

		例	
直前の語にパッチム×	-가	例	가수가 (歌手が)
直前の語にパッチム○	-이	例	선생님이 (先生が)

練習❶ ＿＿＿に「가/이」を入れてみましょう。　解答 P167

① 야구＿＿＿　　② 사람＿＿＿　　③ 학생＿＿＿　　④ 배우＿＿＿
　野球　　　　　　　人　　　　　　　学生　　　　　　　俳優

助詞 は　-는/은

		例	
直前の語にパッチム×	-는	例	가수는 (歌手が)
直前の語にパッチム○	-은	例	선생님은 (先生は)

練習❷ ＿＿＿に「는/은」を入れてみましょう。　解答 P167

① 학교＿＿＿　　② 회사＿＿＿　　③ 한국＿＿＿　　④ 일본＿＿＿
　学校　　　　　　　会社　　　　　　　韓国　　　　　　　日本

048

会話編 LESSON **1**
趣味、職業、国籍などを尋ねる

> **名詞＋です（か）** - 예요 / 이에요
>
> 直前の語にパッチム×　- 예요　　例　가수예요
> 　　　　　　　　　　　　　　　　　　歌手です
> 直前の語にパッチム○　- 이에요　例　선생님이에요
> 　　　　　　　　　　　　　　　　　　先生です

練習❸　　　に「예요 / 이에요」を入れてみましょう。　解答 P167

① 인터넷　　　　　　　　　　② 독서
　インターネット　　　　　　　　読書

③ 축구　　　　　　　　　　　④ 비밀
　サッカー　　　　　　　　　　　秘

> **疑問詞 何** 뭐

練習❹　韓国語に訳してみましょう。　解答 P167

① 何　　　　　　　　　　　　② 何ですか？　　　　　　　　？

> **～ではありません（か）** - 가 / 이 아니에요
>
> 直前の語にパッチム×　- 가 아니에요　例　가수가 아니에요
> 　　　　　　　　　　　　　　　　　　　　歌手ではありません
> 直前の語にパッチム○　- 이 아니에요　例　선생님이 아니에요
> 　　　　　　　　　　　　　　　　　　　　先生ではありません

練習❺　　　に「가 / 이 아니에요」を入れてみましょう。　解答 P167

① 수영　　　　　　　　　　　② 의사
　水泳　　　　　　　　　　　　　医者

③ 회사원　　　　　　　　　　④ 한국 사람
　会社員　　　　　　　　　　　　韓国人

049

会話編

LESSON 1
ドリル1

日付　年　月　日

達成度　□ 😎 完璧！　□ 😊 まあまあ　□ 😣 もう少し

問題❶　次の質問に答えてみましょう。　日本語訳 P167
① 이름이 뭐예요？　→ _____.
② 취미가 뭐예요？　→ _____.
③ 직업이 뭐예요？　→ _____.
④ 혈액형이 뭐예요？　→ _____.

問題❷　次の質問に答えてみましょう。　日本語訳 P167
① 집은 어디예요？　→ _____.
② 고향은 어디예요？　→ _____.
③ 학교는 어디예요？　→ _____.
④ 회사는 어디예요？　→ _____.

問題❸　次の質問に答えてみましょう。　日本語訳 P167
① 어느 나라 사람이에요？　→ _____.
② 어느 나라에서 왔어요？　→ _____.

問題❹　次の質問に答えてみましょう。　解答・日本語訳 P167
① 대학생이에요？
　→ 네. _____. / 아뇨. _____.
② 가수예요？
　→ 네. _____. / 아뇨. _____.
③ 경찰이에요？
　→ 네. _____. / 아뇨. _____.
④ 선생님이에요？
　→ 네. _____. / 아뇨. _____.

LESSON 1
ドリル2

日付　　　　　　達成度
年　月　日　　□ 😤 完璧!　□ 🙂 まあまあ　□ 😟 もう少し

問題❶　次の自己紹介文を読んで、質問に答えてみましょう。　解答・日本語訳 P168

안녕하세요? 저는 한국 사람이에요. 일본에 살아요.
집은 신주쿠예요. 대학교에 다녀요. 제 취미는 요리예요.
혈액형은 O 형이에요. 좋아하는 가수는 소녀시대예요.
좋아하는 나라는 일본이에요. 잘 부탁합니다.

이 사람은…
① 직업이 뭐예요?　→ ＿＿＿＿＿＿＿＿＿＿＿＿＿＿＿＿＿＿．
② 취미가 뭐예요?　→ ＿＿＿＿＿＿＿＿＿＿＿＿＿＿＿＿＿＿．
③ 일본 사람이에요?　→ ＿＿＿＿＿＿＿＿＿＿＿＿＿＿＿＿＿＿．
④ 집이 어디예요?　→ ＿＿＿＿＿＿＿＿＿＿＿＿＿＿＿＿＿＿．

ヒント　직업 職業

問題❷　好きな人（歌手、俳優など）について紹介してみましょう。　日本語訳 P168

제가 좋아하는 사람은 ＿＿＿＿＿ 예요 / 이에요．（名前）
＿＿＿＿＿ 예요 / 이에요．（職業）
＿＿＿＿＿ 사람이에요．（国籍）
취미는 ＿＿＿＿＿ 예요 / 이에요．
혈액형은 ＿＿＿＿＿ 형이에요．

ヒント　가수 歌手　배우 俳優　모델 モデル　스포츠 선수 スポーツ選手

051

問題❸ 自己紹介文を書いてみましょう。

ヒント あいさつ、名前、国籍、職業、学校（会社）、家、趣味、血液型、好きな人など

LESSON 2
家族構成、場所を尋ねる

文法 助詞「も（도）」
助詞「と（하고）」
助詞「（場所・物）に（에）」

語彙 家族
場所
物

日付　　年　月　日

達成度　☐ 😄 完璧！　☐ 😊 まあまあ　☐ 😞 もう少し

います（か）・あります（か）　있어요（？）

いません（か）・ありません（か）　없어요（？）

練習❶　韓国語に訳してみましょう。　解答 P168

① います・あります _____ .
② いますか？・ありますか？ _____ ?
③ いません・ありません _____ .
④ いませんか？・ありませんか？ _____ ?

助詞 も　도

練習❷　___ に「도」を入れてみましょう。　解答 P168

① 오빠 _____　② 누나 _____
　（妹から見た）兄　　　　　　　（弟から見た）姉
③ 남동생 _____　④ 어머니 _____
　弟　　　　　　　　　　　　　　母

助詞 と　하고

練習❸　___ に「하고」を入れてみましょう。　解答 P168

① 형 _____　② 여동생 _____
　（弟から見た）兄　　　　　　　妹
③ 아버지 _____　④ 언니 _____
　父　　　　　　　　　　　　　（妹から見た）姉

053

助詞（場所・物）に 에

練習❹　＿＿に「에」を入れてみましょう。　解答 P168

① 학교 ＿＿＿
学校

② 교실 ＿＿＿
教室

③ 의자 ＿＿＿
椅子

④ 책상 ＿＿＿
机

LESSON 2
ドリル1

日付　　　　　　　達成度
年　月　日　　□ 😊 完璧!　□ 😐 まあまあ　□ 😟 もう少し

問題❶　次の質問に答えてみましょう。　日本語訳 P168
① 오빠가 / 형이 있어요？　→ _____.
② 언니가 / 누나가 있어요？　→ _____.
③ 남동생이 있어요？　　　　→ _____.
④ 여동생이 있어요？　　　　→ _____.

問題❷　次の質問に答えてみましょう。　日本語訳 P168
① 가족이 어떻게 돼요？　→ _____.
② 형제가 어떻게 돼요？　→ _____.

問題❸　次の質問に答えてみましょう。　日本語訳 P168
① 오늘 약속 있어요？　→ _____.
② 오늘 시간 없어요？　→ _____.
③ 물 있어요？　　　　→ _____.
④ 우산 없어요？　　　→ _____.

> ヒント　오늘 今日

問題❹　次の質問に答えてみましょう。　解答・日本語訳 P169
① 학교에 편의점이 있어요？
　→ 네. _____. / 아뇨. _____.
② 학교 근처에 역이 있어요？
　→ 네. _____. / 아뇨. _____.
③ 방에 뭐가 있어요？
　→ _____ 하고 _____ 가 / 이 있어요.
④ 교실에 뭐가 있어요？
　→ _____ 하고 _____ 가 / 이 있어요.

055

LESSON 2
ドリル2

日付　　　　　　　　達成度
年　　月　　日　　☐ 😊 完璧!　☐ 😐 まあまあ　☐ 😟 もう少し

問題❶　次の自己紹介文を読んで、質問に答えてみましょう。　**解答・日本語訳 P169**

우리 가족은 다섯 명이에요. 아버지하고 어머니하고 누나하고 남동생하고 저예요. 형은 없어요. 아버지는 은행원이에요. 아버지 취미는 낚시예요. 어머니는 교사예요. 취미는 독서예요. 누나하고 저는 대학생이에요. 남동생은 고등학생이에요. 저하고 남동생 취미는 게임이에요. 누나 취미는 쇼핑이에요.

💬 **ヒント**　은행원 銀行員　교사 教師　고등학생 高校生

この人は…

① 가족은 누가 있어요? →＿＿＿＿＿＿＿＿＿＿＿＿＿＿＿＿＿＿＿．

② 형제가 어떻게 돼요? →＿＿＿＿＿＿＿＿＿＿＿＿＿＿＿＿＿＿＿．

③ 여자예요? 남자예요? →＿＿＿＿＿＿＿＿＿＿＿＿＿＿＿＿＿＿＿．

④ 어머니 취미는 뭐예요? →＿＿＿＿＿＿＿＿＿＿＿＿＿＿＿＿＿＿＿．

⑤ 고등학생이에요? →＿＿＿＿＿＿＿＿＿＿＿＿＿＿＿＿＿＿＿．

💬 **ヒント**　누가 誰が　여자 女性　남자 男性　낚시 釣り　꽃꽂이 生け花　게임 ゲーム

問題❷ 自分の家族紹介文を書いてみましょう。

| |
| |
| |
| |
| |
| |

ヒント 家族構成、職業、趣味、血液型、好きな人など

会話編

LESSON 3
場所、位置を尋ねる

文法 疑問詞「どこ（어디）」
指示代名詞「ここ、そこ、あそこ（여기, 거기, 저기）」
助詞「의（の）」の省略

語彙 場所
位置
物

日付　　年　月　日
達成度　□ 😎 完璧！　□ 🙂 まあまあ　□ 😟 もう少し

疑問詞　どこ　어디

練習❶　韓国語に訳してみましょう。　解答 P169

① どこ　_____
② どこですか？　_____？
③ どこにありますか？　_____？

指示代名詞　ここ　そこ　あそこ　여기　거기　저기

練習❷　韓国語に訳してみましょう。　解答 P169

① ここ _____　② そこ _____　③ あそこ _____

位置関係ことば

練習❸　韓国語に訳してみましょう。　解答 P169

① 前 _____　② 後ろ _____　③ 横・隣 _____
④ 上 _____　⑤ 下 _____　⑥ 右 _____
⑦ 左 _____　⑧ 中 _____　⑨ 外 _____
⑩ 間 _____

058

会話編 LESSON 3
場所、位置を尋ねる

助詞「의（の）」の省略

韓国語では位置関係を表す「の」は省略する。

練習❹ 韓国語に訳してみましょう。　解答 P169

① 家の近く ＿＿＿＿＿＿＿＿　　② 学校の前 ＿＿＿＿＿＿＿＿
③ 会社の隣 ＿＿＿＿＿＿＿＿　　④ カフェの上 ＿＿＿＿＿＿＿＿
⑤ 椅子の上 ＿＿＿＿＿＿＿＿　　⑥ 机の下 ＿＿＿＿＿＿＿＿
⑦ 鞄の中 ＿＿＿＿＿＿＿＿　　⑧ 椅子の下 ＿＿＿＿＿＿＿＿
⑨ 冷蔵庫の中 ＿＿＿＿＿＿＿＿　　⑩ 学校の後ろ ＿＿＿＿＿＿＿＿

会話編

LESSON 3
ドリル1

日付　　年　月　日

達成度　□ 完璧!　□ まあまあ　□ もう少し

問題❶　〈보기〉のように質問と答えを作ってみましょう。　日本語訳 P169

〈보기〉 디즈니랜드는 어디에 있어요? → 지바에 있어요.

① 清水寺는 어디에 있어요?　→ _____.
② _____는/은 어디에 있어요? → _____.
③ _____는/은 어디에 있어요? → _____.
④ _____는/은 어디에 있어요? → _____.

問題❷　次のイラストを見て質問に答えてみましょう。　解答・日本語訳 P169

① 미용실은 어디에 있어요?　→ _____.
② 편의점은 어디에 있어요?　→ _____.
③ 우체국은 어디에 있어요?　→ _____.
④ 백화점은 어디에 있어요?　→ _____.
⑤ _____는/은 어디에 있어요? → _____.
⑥ _____는/은 어디에 있어요? → _____.

会話編 LESSON 3
ドリル 1

問題❸ 次のイラストを見て質問に答えてみましょう。 解答・日本語訳 P170

① 책상 위에 뭐가 있어요 ? → _____.

② 가방 안에 뭐가 있어요 ? → _____.

③ 고양이는 어디에 있어요 ? → _____.

④ 책은 어디에 있어요 ? → _____.

⑤ _____ 에 뭐가 있어요 ? → _____.

⑥ _____ 는 / 은 어디에 있어요 ? → _____.

会話編

LESSON 3
ドリル2

日付　　年　　月　　日

達成度　☐ 😊 完璧!　☐ 😐 まあまあ　☐ 😞 もう少し

問題❶　みなさんの家の近くには何がありますか？絵を描いて説明してみましょう。

ヒント　앞 前　뒤 後ろ　옆 横　위 上　아래 / 밑 下　- 하고 -　사이 ～と～の間

会話編 LESSON 3
ドリル2

問題❷ みなさんの部屋には何がありますか？絵を描いて説明してみましょう。

063

会話編

LESSON 4
身の回りのものを尋ねる

文法 指示代名詞「こそあ（이그저）」　　**語彙** ～語で
指示代名詞の縮約形　　　　　　　　　　物
疑問詞「誰（누구）」　　　　　　　　　食べ物
助詞「의（の）」の省略　　　　　　　　動物
～と言います -(이)라고 해요

日付　　　　　　　　　達成度
年　月　日　　□ 😊 完璧!　□ 🙂 まあまあ　□ 😟 もう少し

指示代名詞 こ そ あ　이 그 저

練習❶ 韓国語に訳してみましょう。　解答 P170

① この _____　　② その _____　　③ あの _____
④ これ _____　　⑤ それ _____　　⑥ あれ _____
⑦ これは _____（_____ の縮約形）
⑧ それは _____（_____ の縮約形）
⑨ あれは _____（_____ の縮約形）
⑩ これが _____（_____ の縮約形）
⑪ それが _____（_____ の縮約形）
⑫ あれが _____（_____ の縮約形）

～語で -어로　　「～말로」とも言う。

練習❷ 韓国語に訳してみましょう。　解答 P170

① 韓国語で _____　　② 日本語で _____
③ 中国語で _____　　④ 英語で _____

ヒント 일본　日本　중국　中国　영어　英語

064

会話編 LESSON 4
身の回りのものを尋ねる

> **〜といいます** -(이)라고 해요
> 直前の語にパッチム× - 라고 해요　例 수지라고 해요
> 　　　　　　　　　　　　　　　　　スジといいます
> 直前の語にパッチム○ - 이라고 해요　例 현빈이라고 해요
> 　　　　　　　　　　　　　　　　　ヒョンビンといいます

練習❸　＿＿に「-(이)라고 해요」を入れてみましょう。　解答 P170

① 김수현 ＿＿＿＿＿＿＿＿．　② 이유나 ＿＿＿＿＿＿＿＿．
③ 이토 레나 ＿＿＿＿＿＿＿＿．　④ 카렌 ＿＿＿＿＿＿＿＿．

> **疑問詞 誰** 누구

練習❹　韓国語に訳してみましょう。　解答 P170

① 誰 ＿＿＿＿＿＿＿＿　② 誰ですか？ ＿＿＿＿＿＿＿＿？

> **助詞「의（の）」の省略**
>
> 韓国語では所有関係を表す「の」は省略する。

練習❺　韓国語に訳してみましょう。　解答 P170

① 誰のもの ＿＿＿＿＿＿＿＿　② 友達のもの ＿＿＿＿＿＿＿＿
③ 母のもの ＿＿＿＿＿＿＿＿　④ 妹のもの ＿＿＿＿＿＿＿＿

065

会話編

LESSON 4
ドリル1

日付　年　月　日　　達成度　□😊完璧!　□🙂まあまあ　□☹️もう少し

問題❶　韓国語に訳してみましょう。　解答 P170
① これは何ですか？→ _____?
② それは何ですか？→ _____?
③ あれは何ですか？→ _____?
④ これは本です。→ _____.
⑤ それは帽子です。→ _____.
⑥ あれは時計です。→ _____.

問題❷　韓国語に訳してみましょう。　解答 P170
① これは韓国語で何と言いますか？→ _____?
② それは日本語で何と言いますか？→ _____?
③ これは韓国語で「지우개」と言います。→ _____.
④ それは韓国語で「꽃」と言います。→ _____.

問題❸　韓国語に訳してみましょう。　解答 P171
① この辞書は誰のものですか？→ _____?
② その鞄は誰のものですか？→ _____?
③ あの本は誰のものですか？→ _____?
④ これは私のものです。→ _____.
⑤ その雑誌は友達のものです。→ _____.

問題❹　韓国語に訳してみましょう。　解答 P171
① 何を差し上げましょうか？→ _____?
② これください。→ _____.
③ それください。→ _____.
④ あれください。→ _____.

LESSON 4
ドリル2

日付　　　　　　　　達成度
年　月　日　　　☐ 😊 完璧！　☐ 🙂 まあまあ　☐ 😕 もう少し

問題❶　次のイラストを見て〈보기〉のように質問と答えを作ってみましょう。
解答・日本語訳 P171

⑥장갑　⑦모자

③열쇠고리
④손수건　⑤지갑

①팩　②비누

〈보기〉①이게 뭐예요? → 그건 팩이에요.

(1) ② _____?
　　→ _____.

(2) ③ _____?
　　→ _____.

(3) ④ _____?
　　→ _____.

(4) ⑤ _____?
　　→ _____.

(5) ⑥ _____?
　　→ _____.

(6) ⑦ _____?
　　→ _____.

067

問題❷ 〈보기〉のように次の中から韓国語や日本語で分からない単語について質問と答えを作ってみましょう。また、身の回りのものについても質問してみましょう。　日本語訳 P171

〈보기 1〉 「ラーメン」은 한국어로 뭐라고 해요?
　　　　→「라면」이라고 해요.

箸 (젓가락)　スプーン (숟가락)　カップ (컵)　海苔 (김)　領収書 (영수증)

(1) _____ ?
　→ _____ .

(2) _____ ?
　→ _____ .

(3) _____ ?
　→ _____ .

〈보기 2〉 「비누」는 일본어로 뭐라고 해요?
　　　　→「石鹸」이라고 해요.

선물 (プレゼント)　과자 (お菓子)　과일 (果物)　고기 (肉)　생선 (魚)

(1) _____ ?
　→ _____ .

(2) _____ ?
　→ _____ .

(3) _____ ?
　→ _____ .

LESSON 5
疑問詞を使って尋ねる

文法 疑問詞「いつ（언제）」
　　　 疑問詞「いくら（얼마）」
　　　 疑問詞「何～（몇）」
　　　 漢数詞を使う単位
　　　 固有数詞を使う単位

語彙 漢数詞
　　　 固有数詞

日付　　年　月　日
達成度　□ 😊 完璧！　□ 😐 まあまあ　□ 😟 もう少し

疑問詞 いつ　언제　　　**疑問詞** いくら　얼마

練習❶　韓国語に訳してみましょう。　解答 P171

① いつ _____
② いつですか？ _____ ？
③ いくら _____
④ いくらですか？ _____ ？

漢数詞「いち、に、さん～」 일、이、삼～

練習❷　漢数詞をハングルで描いてみましょう。　解答 P171

0	1	2	3	4	5	6	7	8	9
공 / 영									
10	11	12	13	14	15	16	17	18	19
20	30	40	50	60	70	80	90		

100	1,000	10,000	100,000	1,000,000
200	3000	50,000	700,000	4,000,000

069

月 월

> 6月と10月は スペルに注意！

1月	2月	3月
4月	5月	6月
7月	8月	9月
10月	11月	12月

日 일

1日	2日	3日	4日	5日
6日	7日	8日	9日	10日
11日	15日	20日	30日	31日

漢数詞と使う単位

> 년 年　월 月　일 日　원 ウォン　엔 円
> 분 分　년생 年生れ　학년 学年　과 課
> 페이지 ページ　층 階　교시 時限目
> 번 番　개월 ヶ月

練習❸ 漢数詞をハングルで書いてみましょう。　解答 P172

① 2015 年 _____　② 10 月 29 日 _____
③ 3 年生 _____　④ 8 課 _____
⑤ 76 ページ _____　⑥ 4 階 _____

固有数詞「ひとつ、ふたつ、みっつ～」 하나、둘、셋

練習❹ 固有数詞をハングルで書いてみましょう。　解答 P172

ひとつ	ふたつ	みっつ	よっつ	いつつ	むっつ	ななつ	やっつ	ここのつ	とお
20	30	40	50	60	70	80	90		

会話編 LESSON 5
疑問詞を使って尋ねる

| 月 개 | | 単位と使われる「1、2、3、4、20」はスペルに注意！ |

1個	2個	3個	4個
5個	6個	7個	8個
9個	10個	11個	12個
13個	14個	16個	20個

| 月 살 |

20歳	21歳	22歳	23歳
24歳	25歳	30歳	40歳
50歳	60歳	70歳	80歳
90歳	100歳		
	백살		

| 固有数詞と使う単位 | 살 歳 개 個 명(사람) 名 권 冊
병 本(ビン類) 장 枚 잔 杯 대 台
마리 匹・頭・羽 시 時 시간 時間 |

練習❺ 固有数詞をハングルで書いてみましょう。　解答 P173

① 7冊 ＿＿＿＿＿＿＿＿＿＿　② 32歳 ＿＿＿＿＿＿＿＿＿＿
③ 9枚 ＿＿＿＿＿＿＿＿＿＿　④ 11時 ＿＿＿＿＿＿＿＿＿＿
⑤ 2匹 ＿＿＿＿＿＿＿＿＿＿　⑥ 4時間 ＿＿＿＿＿＿＿＿＿＿

| 疑問詞 何～ 몇 |

練習❻ 韓国語に訳してみましょう。　解答 P173

① 何年生まれ ＿＿＿＿＿＿　② 何歳 ＿＿＿＿＿＿　③ 何名 ＿＿＿＿＿＿

071

LESSON 5
ドリル1

日付　　年　月　日　　達成度　□ 完璧!　□ まあまあ　□ もう少し

問題❶　〈보기〉のように書いてみましょう。　解答 P173

〈보기〉 りんご 3 個 → 사과　세　개

① コーヒー 3 杯 → 커피 _____ 잔
② 本 5 冊　　　 → 책 _____ 권
③ 犬 4 匹　　　 → 개 _____ 마리
④ 学生 9 人　　 → 학생 _____ 명
⑤ タクシー 1 台 → 택시 _____ 대
⑥ 椅子 2 個　　 → 의자 _____ 개
⑦ 紙 5 枚　　　 → 종이 _____ 장

問題❷　〈보기〉のように質問に答えてみましょう。　解答 P173

〈보기 1〉 (1) 얼마예요？
　　　　　　24,800 원 → 이만 사천팔백 원이에요.

① 7,800 원　　→ _____ 원이에요.
② 46,200 원　 → _____ 원이에요.
③ 153,900 원 → _____ 원이에요.

〈보기 2〉 ⑵ **전화번호가 몇 번이에요?**
　　　　090-4285-3176 → 공구공 – 사이팔오 – 삼일칠육
　　　　　　　　　　　　　　이에요.

① 080-1209-8282 → _____
② 03-2981-9924 → _____
③ 02-3829-2912 → _____

問題❸　次の質問に答えてみましょう。　解答 P173
① 생일이 언제예요?　→ _____.
② 크리스마스가 언제예요? → _____.
③ 한글의 날 (10月9日) 이 언제예요?
　→ _____.
④ 昭和の日 (4月29日) 가 언제예요?
　→ _____.
⑤ 文化の日 (11月3日) 가 언제예요?
　→ _____.

問題❹　次の質問に答えてみましょう。　日本語訳 P173
① 몇 년생이에요? → _____.
② 몇 살이에요? → _____.
③ 몇 학년이에요? → _____.
④ 한국어 수업이 몇 교시예요? → _____.
⑤ 가족이 몇 명이에요? → _____.

　ヒント　교시　時限目

LESSON 5
ドリル2

日付　年　月　日

達成度　□ 完璧!　□ まあまあ　□ もう少し

問題❶　次の文章を読んで、質問に答えてみましょう。　解答 P174

제 생일은 ①9월 15일이에요. 가을이에요. 저는 ②95년생이에요.
③20살이에요. 제가 좋아하는 가수는 빅뱅이에요.
멤버는 지드래곤, 탑, 태양, 대성, 승리예요. 모두 ＿＿ 명이에요.
지드래곤 생일은 ④8월 18일이에요. ⑤26살이에요.
탑 생일은 ⑥11월 4일이에요. ⑦27살이에요.

ヒント　모두 全部　가을 秋

(1)　①〜⑦の数字をハングルで書いてみましょう。

① ＿＿＿＿＿＿월 ＿＿＿＿＿＿일
② ＿＿＿＿＿＿＿＿＿＿＿＿년생
③ ＿＿＿＿＿＿＿＿＿＿＿＿살
④ ＿＿＿＿＿＿월 ＿＿＿＿＿＿일
⑤ ＿＿＿＿＿＿＿＿＿＿＿＿살
⑥ ＿＿＿＿＿＿월 ＿＿＿＿＿＿일
⑦ ＿＿＿＿＿＿＿＿＿＿＿＿살

(2)　＿＿＿＿に入る数字をハングルで書いてみましょう。

＿＿＿＿＿＿＿＿명

問題❷ 問題❶のように自分や家族、好きな人の誕生日や年齢について書いてみましょう。

問題❸ 週末にパーティーを開きます。誰を何人招待しますか？何の料理を作りますか？予算５万ウォンで買い物をしてみましょう。　日本語訳 P174

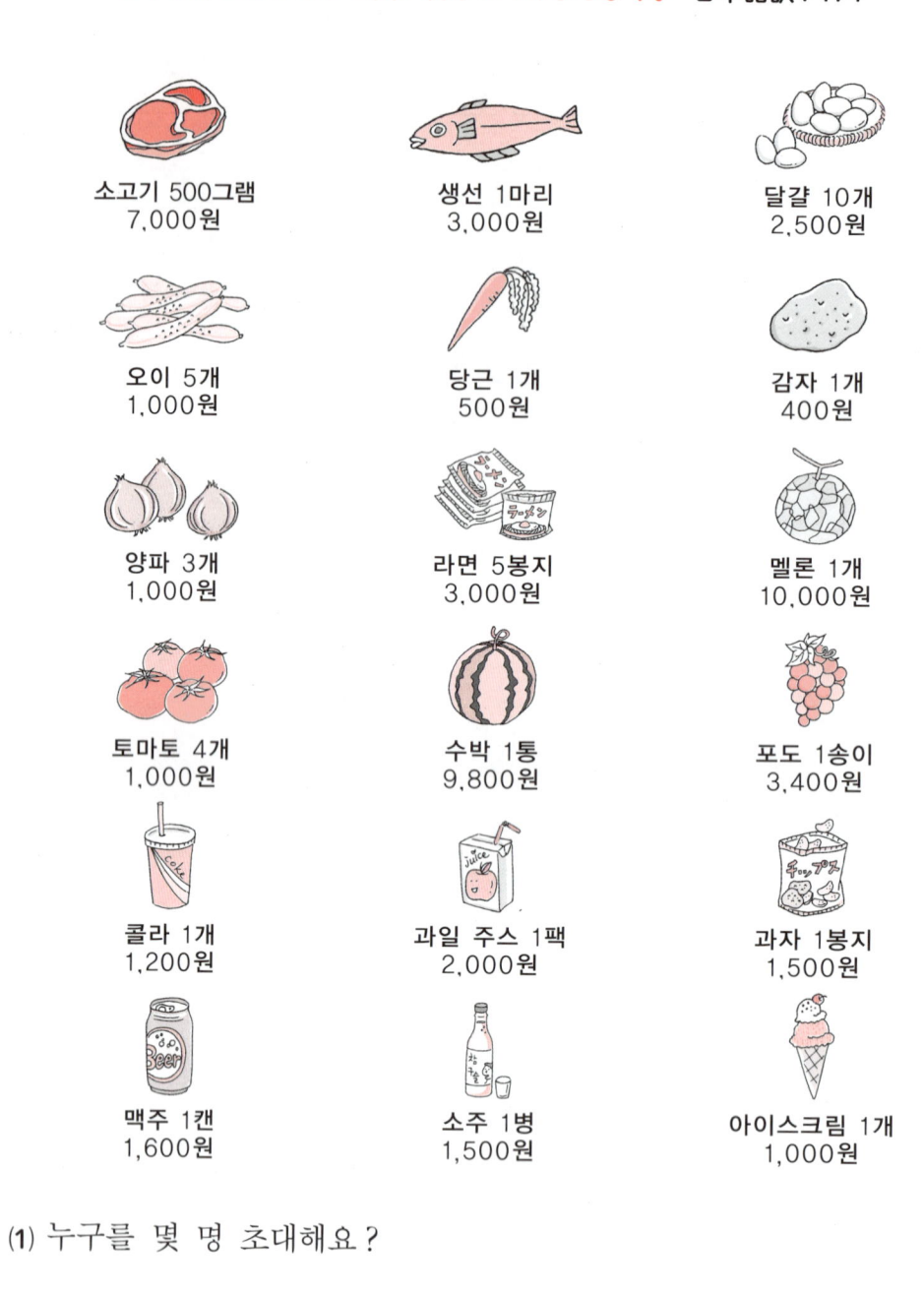

소고기 500그램
7,000원

생선 1마리
3,000원

달걀 10개
2,500원

오이 5개
1,000원

당근 1개
500원

감자 1개
400원

양파 3개
1,000원

라면 5봉지
3,000원

멜론 1개
10,000원

토마토 4개
1,000원

수박 1통
9,800원

포도 1송이
3,400원

콜라 1개
1,200원

과일 주스 1팩
2,000원

과자 1봉지
1,500원

맥주 1캔
1,600원

소주 1병
1,500원

아이스크림 1개
1,000원

(1) 누구를 몇 명 초대해요?

(2) 무엇을 사요?

(3) 무슨 요리를 만들어요?

LESSON 6
日課を尋ねる

文法 助詞「（場所）で（에서）」
助詞「を（를/을）」
ます・です（か）　-아/어요
「안」否定
ㄷ不規則用言
르不規則用言

語彙 日課
食べ物

日付　　年　月　日

達成度　□ 😊 完璧!　□ 😐 まあまあ　□ 😣 もう少し

助詞 （場所）で　에서

練習 ❶　_____ に「에서」を入れてみましょう。　解答 P174

① 방_____　　② 학교_____
　部屋　　　　　　学校

③ 교실_____　　④ 회사_____
　教室　　　　　　会社

助詞 を　-를/을

直前の語にパッチム×　-를　　例 가수를
　　　　　　　　　　　　　　　　歌手を

直前の語にパッチム〇　-을　　例 선생님을
　　　　　　　　　　　　　　　　先生を

練習 ❷　_____ に「를/을」を入れてみましょう。　解答 P174

① 잡지_____　　② 책_____
　雑誌　　　　　　本

③ 밥_____　　　④ 빵_____
　ご飯　　　　　　パン

077

ます・です(か) 해요체 (1)

【パッチム○語幹の場合】
語幹母音がㅏ・ㅗ・ㅑ →아요　例 살다 → 살아요
　　　　　　　　　　　　　　　住む　　住みます
語幹母音がㅏ・ㅗ・ㅑ以外→어요　例 먹다 → 먹어요
　　　　　　　　　　　　　　　食べる　食べます

練習❸　表を埋めてみましょう。　解答 P174

基本形	意味	- 아/어요	基本形	意味	- 아/어요
살다	住む		놀다	遊ぶ	
먹다	食べる		읽다	読む	
알다	知る、分かる		받다	受ける	
앉다	座る		괜찮다	大丈夫だ	
열다	開ける		닫다	閉める	
울다	泣く		웃다	笑う	
입다	着る		벗다	脱ぐ	
있다	いる、ある		없다	いない、ない	
좋다	いい		싫다	嫌だ	

会話編 LESSON 6
日課を尋ねる

ます・です(か) 해요체 (2)

【パッチム×語幹の場合 (1)】
- 語幹母音が ㅏ → ㅏ요　例　가다 → 가요　行く / 行きます
- 語幹母音が ㅓ → ㅓ요　例　서다 → 서요　立つ / 立ちます
- 語幹母音が ㅗ → 와요　例　오다 → 와요　来る / 来ます
- 語幹母音が ㅣ → ㅕ요　例　마시다 → 마셔요　飲む / 飲みます
- 語幹母音が ㅜ → ㅝ요　例　주다 → 줘요　あげる、くれる / あげます、くれます

ます・です(か) 해요체 (3)

【パッチム×語幹の場合 (2)】
- 語幹母音が ㅐ → ㅐ요　例　보내다 → 보내요　送る / 送ります
- 語幹母音が ㅚ → ㅙ요　例　되다 → 돼요　なる / なります
- 語幹母音が ㅟ → ㅟ어요　例　쉬다 → 쉬어요　休む / 休みます

練習❹ 表を埋めてみましょう。　解答 P175

基本形	意味	-아/어요	基本形	意味	-아/어요
가다	行く		사다	買う	
일어나다	起きる		자다	寝る	
타다	乗る		만나다	会う	
서다	立つ		오다	来る	
보다	見る		기다리다	待つ	
가르치다	教える		다니다	通う	
헤어지다	別れる		주다	あげる、くれる	
춤추다	踊る		보내다	送る	
되다	なる		쉬다	休む	

079

ます・です(か) 해요체 (4)

【하語幹の場合】
하 → 해요　　例 요리하다 → 요리해요
　　　　　　　　　料理する　　料理します

練習 ❺ 表を埋めてみましょう。　解答 P175

基本形	意味	- 아 / 어요	基本形	意味	- 아 / 어요
공부하다	勉強する		쇼핑하다	ショッピングする	
청소하다	掃除する		운동하다	運動する	
숙제하다	宿題する		일하다	働く	
목욕하다	お風呂に入る		샤워하다	シャワーする	
아르바이트하다	アルバイトする		요리하다	料理する	
세탁하다	洗濯する		여행하다	旅行する	
좋아하다	好きだ		싫어하다	嫌いだ	
편하다	楽だ		불편하다	不便だ	
유명하다	有名だ		조용하다	静かだ	

ㄷ不規則用言

語幹がㄷパッチムで終わる用言。해요体はㄷを取ってㄹ어요を付ける。

例 듣다 → 들어요
　 聞く　　聞きます

練習 ❻ 表を埋めてみましょう。　解答 P175

基本形	意味	- 아 / 어요	基本形	意味	- 아 / 어요
듣다	聞く	들어요	걷다	歩く	
묻다	尋ねる		싣다	載せる	

会話編 LESSON 6
日課を尋ねる

르不規則用言

語幹が르パッチムで終わる用言。해요体は 르を取って ㄹ라/ㄹ러요を付ける。

르の前が「ㅏ・ㅗ」のとき　　→르を取って ㄹ라요　例 모르다 → 몰라요
　　　　　　　　　　　　　　　　　　　　　　　　　知らない、　知りません、
　　　　　　　　　　　　　　　　　　　　　　　　　分からない　分かりません

르の前が「ㅏ・ㅗ」以外のとき →르を取って ㄹ러요　例 부르다 → 불러요
　　　　　　　　　　　　　　　　　　　　　　　　　呼ぶ　　　　呼びます

練習❼　表を埋めてみましょう。　解答 P176

基本形	意味	-아/어요	-았/었어요
모르다	分からない、知らない		
다르다	違う		
부르다	呼ぶ		

안否定（〜しない、〜くない）(1)　안＋用言

【用語（動詞・形容詞）】

例　가다　→　안 가요
　　行く　　　行きません

例　편하다　→　안 편해요
　　楽だ　　　　楽ではありません

練習❽　次の文を〈보기〉のように否定してみましょう。　解答 P176

〈보기〉 가요　行きます　→　안 가요
　　　　　　　　　　　　　　行きません

① 봐요　見ます　　→　_____
　　　　　　　　　　　　見ません

② 먹어요　食べます　→　_____
　　　　　　　　　　　　　食べません

③ 놀아요　遊びます　→　_____
　　　　　　　　　　　　　遊びません

④ 마셔요　飲みます　→　_____
　　　　　　　　　　　　　飲みません

⑤ 읽어요　読みます　→　_____
　　　　　　　　　　　　　読みません

⑥ 조용해요　静かです　→　_____
　　　　　　　　　　　　　　静かではありません

⑦ 유명해요　有名です　→　_____
　　　　　　　　　　　　　　有名ではありません

081

안否定（～しない、～くない）(2)

【名詞＋する（하다）】
名詞 안 하다

例 여행하다 → 여행해요 → 여행 안 해요
　　旅行する　　　旅行します　　　旅行しません

> 안(否定)は必ず用言の前！

練習❾　次の文を〈보기〉のように否定してみましょう。　解答 P176

〈보기〉 여행해요 旅行します → 여행 안 해요
　　　　　　　　　　　　　　　旅行しません

① 공부해요 勉強します → _____
　　　　　　　　　　　　　勉強しません

② 숙제해요 宿題します → _____
　　　　　　　　　　　　　宿題しません

③ 운동해요 運動します → _____
　　　　　　　　　　　　　運動しません

④ 요리해요 料理します → _____
　　　　　　　　　　　　　料理しません

⑤ 일해요 働きます → _____
　　　　　　　　　　　働きません

안否定を使わないもの

- 있어요　있습니다 ⇔ ●없어요　없습니다
  (있다　ある、いる　없다　ない、いない)

- 알아요　分かります ⇔ ●몰라요　分かりません
  (알다　分かる　모르다　分からない)

LESSON 6
ドリル1

日付　年　月　日

達成度　☐ 😆 完璧!　☐ 😊 まあまあ　☐ 😕 もう少し

問題❶　次の質問に答えてみましょう。　日本語訳 P176

① 어디에 살아요? → _____.

② 어디서 놀아요? → _____.

③ 아침에 뭐 마셔요? → _____.

④ 점심에 뭐 먹어요? → _____.

ヒント　점심 お昼

問題❷　次の質問に答えてみましょう。　日本語訳 P176

① 어디서 공부해요? → _____.

② 어디서 쇼핑해요? → _____.

③ 언제 청소해요? → _____.

④ 언제 운동해요? → _____.

ヒント　도서관 図書館　집 家　카페 カフェ　매일 毎日　평일에 平日に　주말에 週末に

問題❸　次の質問に答えてみましょう。　解答・日本語訳 P176

① 아침에 밥을 먹어요?
　→ 네. _____. / 아뇨. _____.

② 매일 커피를 마셔요?
　→ 네. _____. / 아뇨. _____.

③ K-POP 을 들어요?
　→ 네. _____. / 아뇨. _____.

④ 매일 요리해요?
　→ 네. _____. / 아뇨. _____.

⑤ 아르바이트해요?
　→ 네. _____. / 아뇨. _____.

問題❹ 次の質問に答えてみましょう。　日本語訳 P176

① 보통 주말에 뭐 해요?
　→ _____ .

② 노래는 뭐가 좋아요?
　→ _____ .

③ 한국 음식은 뭐가 맛있어요?
　→ _____ .

> **ヒント**　보통 普段　노래 歌　한국 음식 韓国料理

LESSON 6
ドリル2

日付　　　　達成度
年　月　日　　□😊完璧!　□🙂まあまあ　□☹️もう少し

問題❶　次の文を読んで、質問に答えてみましょう。　解答・日本語訳 P177

저는 월요일에 친구를 만나요. 같이 술을 마셔요. 화요일에 학교에서 아르바이트를 해요. 수요일에 친구하고 영화를 봐요. 목요일에 도서관에서 공부해요. 금요일에는 책을 읽어요. 그리고 청소도 해요. 토요일에는 아르바이트를 해요. 술은 안 마셔요. 일요일에는 공부해요. 일찍 자요.

ヒント　친구를 만나다 友達に会う　술 酒　일찍 早く

この人は…
① 언제 술을 마셔요? → ＿＿＿＿＿＿＿＿＿＿＿＿＿＿＿＿＿＿＿＿.
② 언제 도서관에서 공부해요? → ＿＿＿＿＿＿＿＿＿＿＿＿＿＿＿＿.
③ 수요일에 뭐 해요? → ＿＿＿＿＿＿＿＿＿＿＿＿＿＿＿＿＿＿＿.
④ 공부는 언제 해요? → ＿＿＿＿＿＿＿＿＿＿＿＿＿＿＿＿＿＿.
⑤ 아르바이트는 무슨 요일에 해요? → ＿＿＿＿＿＿＿＿＿＿＿＿＿.

ヒント　무슨 요일 何曜日　하고 と

問題❷　自分のスケジュールを書いてみましょう。

월요일	
화요일	
수요일	
목요일	
금요일	
토요일	
일요일	

会話編 LESSON 6
ドリル 2

問題❸ 次の場所で何をしますか？みなさんが普段していることを「아/어요」体で書いてみましょう。 日本語訳 P177

(1) 집
① 밥을 먹어요.
② TV를 봐요.
③ _____.
④ _____.
⑤ _____.

(2) 교실
① 공부해요.
② 청소해요.
③ _____.
④ _____.
⑤ _____.

(3) 도서관
① 책을 읽어요.
② 숙제를 하다.
③ _____.
④ _____.
⑤ _____.

(4) 카페
① 친구를 만나요.
② 커피를 마시다.
③ _____.
④ _____.
⑤ _____.

(5) _____
① _____.
② _____.
③ _____.
④ _____.

(6) _____
① _____.
② _____.
③ _____.
④ _____.

087

LESSON 7
時間を尋ねる

文法
助詞「(手段)で (로/으로)」
助詞「(時間)から (時間)まで (-부터 -까지)」
助詞「(場所)から (場所)まで (-에서 -까지)」
疑問詞「どれくらい (얼마나)」
時間の言い方「固有数詞+時(시)、漢数詞+分(분)」

語彙 時間

日付　　年　月　日
達成度　□ 😄 完璧!　□ 🙂 まあまあ　□ 😟 もう少し

助詞 (手段) で

直前の語にパッチム×	-로	例 버(ㅅ)로 バスで
直前の語にパッチム○	-으로	例 트(럭)으로 トラックで
ただし、ㄹパッチム	-로	例 전(철)로 電車で

練習❶　＿＿＿に「로/으로」を入れてみましょう。　解答 P177

① 손＿＿＿　② 머리＿＿＿　③ 발＿＿＿　④ 입＿＿＿
　 手　　　　 　頭　　　　　　 足　　　　　　 口

時間：〜時〜分　-시 -분

固有数詞+시(時)
漢数詞+분(分)、초(秒)

例 1時25分
→ 한 시 이십오 분

088

会話編 LESSON 7
時間を尋ねる

解答 P178

時 시 → 固有数詞 + 시（時）

1時	2時	3時
4時	5時	6時
7時	8時	9時
10時	11時	12時

分 분 → 漢数詞 + 분（分）

1分	2分	3分
4分	5分	10分
15分	20分	30分
40分	50分	60分

반(半)

時間を表すことば

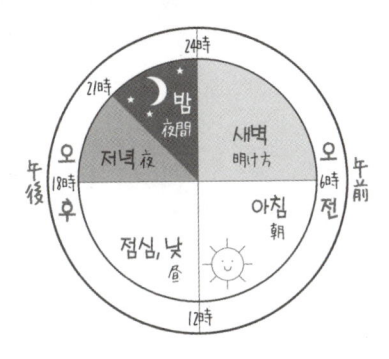

- □ 오전　午前
- □ 오후　午後
- □ 아침　朝
- □ 점심　昼
- □ 저녁　夜
- □ 낮　昼、昼間
- □ 밤　夜、夜間
- □ 새벽　明け方
- □ 전　前
- □ 후　後

練習❷　韓国語に訳してみましょう。　解答 P178

① 2時15分 ＿＿＿＿＿＿＿＿＿＿　② 5時40分 ＿＿＿＿＿＿＿＿＿＿
③ 11時半 ＿＿＿＿＿＿＿＿＿＿　④ 3時21分 ＿＿＿＿＿＿＿＿＿＿
⑤ 10時56分 ＿＿＿＿＿＿＿＿＿＿　⑥ 9時38分 ＿＿＿＿＿＿＿＿＿＿

> **助詞（時間）から（時間）まで** -부터 -까지
> 例 1時から2時まで
> → 한 시부터 두 시까지

練習❸ 韓国語に訳してみましょう。　解答 P178

① 3時から5時まで
② 6時から12時まで
③ 朝から昼まで
④ 午前から午後まで

> **助詞（場所）から（場所）まで** -에서 -까지
> 例 家から学校まで
> → 집에서 학교까지

練習❹ 韓国語に訳してみましょう。　解答 P178

① 学校から家まで
② 家から会社まで
③ 駅から家まで
④ 韓国から日本まで

ヒント 회사 会社　한국 韓国　일본 日本　역 駅

会話編 **LESSON 7**
時間を尋ねる

> 疑問詞 **どれくらい** 얼마나
> 例 どれくらいかかりますか？
> → **얼마나 걸려요？**

練習❺　韓国語に訳してみましょう。　解答 P178

① 家から駅までどれくらいかかりますか？
　→ _____

② 自転車で5分かかります。
　→ _____

③ ここから会社までどれくらいかかりますか？
　→ _____

④ 電車で1時間くらいかかります。
　→ _____

091

LESSON 7
ドリル1

日付　年　月　日　　達成度　□ 😆 完璧!　□ 🙂 まあまあ　□ 😣 もう少し

問題❶ 次の質問に答えてみましょう。　日本語訳 P178

① 지금 몇 시예요? → _____.
② 수업은 몇 시에 시작해요? → _____.
③ 수업은 몇 시에 끝나요? → _____.
④ 보통 몇 시에 일어나요? → _____.
⑤ 보통 몇 시에 자요? → _____.
⑥ 보통 몇 시에 아침을 먹어요? → _____.
⑦ 보통 몇 시에 점심을 먹어요? → _____.
⑧ 보통 몇 시에 저녁을 먹어요? → _____.

ヒント　수업 授業　시작하다 始まる　끝나다 終わる　보통 授業

問題❷ 質問に答えてみましょう。　日本語訳 P178

① 수업은 몇 시부터 몇 시까지예요?
　→ _____.

② 아르바이트는 (일은) 몇 시부터 몇 시까지예요?
　→ _____.

③ 점심 시간은 몇 시부터 몇 시까지예요?
　→ _____.

④ 9시 뉴스는 몇 시부터 몇 시까지예요?
　→ _____.

ヒント　일 仕事　뉴스 ニュース

문제❸ 〈보기〉のように答えてみましょう。　解答・日本語訳 P179

〈보기〉 집에서 학교까지 얼마나 걸려요？（자전거／10分）
　　→ <u>자전거로 10분 걸려요</u>.

① 역에서 집까지 얼마나 걸려요？（자전거／7分）
　　→ _____.

② 집에서 회사까지 얼마나 걸려요？（전철／45分）
　　→ _____.

③ 신주쿠에서 하코네까지 얼마나 걸려요？（로맨스카／1時間25分）
　　→ _____.

④ 일본에서 하와이까지 얼마나 걸려요？（비행기／7時間）
　　→ _____.

ヒント　로맨스카 ロマンスカー　화와이 ハワイ

会話編

LESSON 7
ドリル2

日付　　年　　月　　日

達成度　□ 😊 完璧！　□ 🙂 まあまあ　□ 😕 もう少し

問題❶　次の文章を読んで①〜⑩のハングルを数字で書いてみましょう。　解答 P179

저는 보통 아침 ①여섯 시 반에 일어나요. 아침은 ②일곱 시에 먹어요. 그리고 ③일곱 시 반에 회사에 가요.
집에서 회사까지 지하철로 ④한 시간 십 분 걸려요. 회사에는 보통 ⑤아홉 시쯤 도착해요. 점심은 ⑥열두 시 사십 분에 회사 식당에서 먹어요. 일은 ⑦다섯 시에 끝나요. 집에 ⑧일곱 시쯤에 돌아와요. 저녁은 ⑨여덟 시에 먹어요. 그리고 ⑩열한 시에 자요.

ヒント　보통 普段　쯤 頃　도착하다 到着する　돌아오다 帰ってくる

① ____ 시 ____ 분　② ____ 시　③ ____ 시 ____ 분
④ ____ 시간 ____ 분　⑤ ____ 시　⑥ ____ 시 ____ 분
⑦ ____ 시　⑧ ____ 시　⑨ ____ 시　⑩ ____ 시

問題❷　自分の日課を書いてみましょう。

平　日			週　末・休　日		
時　間	日　課		時　間	日　課	
：	일어나요		：	일어나요	
：			：		
：			：		
：			：		
：			：		
：			：		
：			：		
：			：		
：			：		
：	자요		：	자요	

LESSON 8
過去を尋ねる

文法 ました・でした（か） -았/었어요
名詞＋でした（か） -였어요/이었어요

語彙 日課

日付　　　年　月　日

達成度　□ 完璧！　□ まあまあ　□ もう少し

> 「-아/어요」の「요」の代わりに「ㅆ어요」を付ける。
> 例）살다→살아요→살았어요

ました・でした（か）　해요体（Ⅰ）

【パッチム○語幹の場合】
語幹母音がㅏ・ㅗ　　→았어요　例）살다 → 살았어요
　　　　　　　　　　　　　　　　　住む　　住みました
語幹母音がㅏ・ㅗ以外→었어요　例）먹다 → 먹었어요
　　　　　　　　　　　　　　　　　食べる　食べました

練習❶ 表を埋めてみましょう。　解答 P179

基本形	意味	-았/었어요	基本形	意味	-았/었어요
살다	住む		놀다	遊ぶ	
먹다	食べる		읽다	読む	
알다	知る、わかる		받다	受ける	
앉다	座る		괜찮다	大丈夫だ	
열다	開ける		닫다	閉める	
울다	泣く		웃다	笑う	
입다	着る		벗다	脱ぐ	
있다	いる、ある		없다	いない、ない	
좋다	いい		싫다	嫌だ	

095

ました・でした(か) 해요체 (2)

【パッチム×語幹の場合 (1)】

- 語幹母音が ト → ㅆ어요　例 가다 → 갔어요
  行く　行きました
- 語幹母音が ㅓ → ㅆ어요　例 서다 → 섰어요
  立つ　立ちました
- 語幹母音が ㅗ → ㅆ어요　例 오다 → 왔어요
  来る　来ました
- 語幹母音が ㅣ → ㅕㅆ어요　例 마시다 → 마셨어요
  飲む　飲みました
- 語幹母音が ㅜ → ㅝㅆ어요　例 주다 → 줬어요
  あげる、くれる　あげました、くれました

ました・でした(か) 해요체 (3)

【パッチム×語幹の場合 (2)】

- 語幹母音が ㅐ → ㅐㅆ어요　例 보내다 → 보냈어요
  送る　送りました
- 語幹母音が ㅚ → ㅙㅆ어요　例 되다 → 됐어요
  なる　来ました
- 語幹母音が ㅟ → ㅟ었어요　例 쉬다 → 쉬었어요
  休む　休みました

練習❷ 表を埋めてみましょう。　解答 P180

基本形	意味	-았/었어요	基本形	意味	-았/었어요
가다	行く		사다	買う	
일어나다	起きる		자다	寝る	
타다	乗る		만나다	会う	
서다	立つ		오다	来る	
보다	見る		기다리다	待つ	
가르치다	教える		다니다	通う	
헤어지다	別れる		주다	あげる、くれる	
춤추다	踊る		보내다	送る	
되다	なる		쉬다	休む	

会話編 LESSON 8
過去を尋ねる

> **ました・でしたか** 해요体（4）
> 【하語幹の場合】
> 하→했어요 例 요리하다 → 요리했어요
> 　　　　　　　　料理する　　料理しました

練習❸ 表を埋めてみましょう。　解答 P180

基本形	意味	-았/었어요	基本形	意味	-았/었어요
공부하다	勉強する		쇼핑하다	ショッピングする	
청소하다	掃除する		운동하다	運動する	
숙제하다	宿題する		일하다	働く	
목욕하다	お風呂に入る		샤워하다	シャワーする	
아르바이트하다	アルバイトする		요리하다	料理する	
세탁하다	洗濯する		여행하다	旅行する	
좋아하다	好きだ		싫어하다	嫌いだ	
편하다	楽だ		불편하다	不便だ	
유명하다	有名だ		조용하다	静かだ	

> **ㄷ不規則用言**
> 語幹がㄷパッチムで終わる用言。해요体はㄷを取ってㄹ었어요を付ける。
> 例 듣다 → 들었어요
> 　　聞く　　聞きました

練習❹ 表を埋めてみましょう。　解答 P180

基本形	意味	-았/었어요	基本形	意味	-았/었어요
듣다	聞く	들었어요	걷다	歩く	
묻다	尋ねる		싣다	載せる	

097

> **안否定（〜しない、〜くない）(1)**
> 【用語（動詞・形容詞）】
> 안＋用言
>
> 例 가다 → **안** 갔어요
>   行く   行きませんでした
>
>   편하다 → **안** 편했어요
>   楽だ   楽ではありませんでした

練習❺　次の文を〈보기〉のように否定してみましょう。　解答 P181

〈보기〉 가요 行きます → 안 갔어요
　　　　　　　　　　　　行きませんでした

① 봐요 見ます → _____
　　　　　　　　見ませんでした

② 먹어요 食べます → _____
　　　　　　　　　　食べませんでした

③ 놀아요 遊びます → _____
　　　　　　　　　　遊びませんでした

④ 마셔요 飲みます → _____
　　　　　　　　　　飲みませんでした

⑤ 읽어요 読みます → _____
　　　　　　　　　　読みませんでした

⑥ 조용해요 静かです → _____
　　　　　　　　　　　静かではありませんでした

⑦ 유명해요 有名です → _____
　　　　　　　　　　　有名ではありませんでした

会話編 LESSON **8**
過去を尋ねる

안否定（〜しない、〜くない）(2)
【名詞＋する（하다）】
名詞　안　했어요　　例　여행하다 → 여행했어요
　　　　　　　　　　　　旅行する　　　旅行しました
　　　　　　　　　　　　　　　　 → 여행 안 했어요
　　　　　　　　　　　　　　　　　　旅行しませんでした

> 안(否定)は必ず用言の前！

練習❻　次の文を〈보기〉のように否定してみましょう。　解答 P181

〈보기〉 여행해요　旅行します → **여행 안 했어요**
　　　　　　　　　　　　　　　旅行しませんでした

① 공부해요　勉強します → _____
　　　　　　　　　　　　　勉強しませんでした

② 숙제해요　宿題します → _____
　　　　　　　　　　　　　宿題しませんでした

③ 운동해요　運動します → _____
　　　　　　　　　　　　　運動しませんでした

④ 요리해요　料理します → _____
　　　　　　　　　　　　　料理しませんでした

⑤ 일해요　働きます → _____
　　　　　　　　　　　働きませんでした

名詞＋です（か）　해요体

直前の語にパッチム×　- 예요　　例　가수예요
　　　　　　　　　　　　　　　　　　歌手です
直前の語にパッチム○　- 이에요　例　선생님이에요
　　　　　　　　　　　　　　　　　　先生です

名詞＋でした（か）　해요体

直前の語にパッチム×　- 였어요　　例　가수였어요
　　　　　　　　　　　　　　　　　　歌手でした
直前の語にパッチム○　- 이었어요　例　선생님이었어요
　　　　　　　　　　　　　　　　　　先生でした

099

LESSON 8
ドリル1

日付　　年　　月　　日　　達成度　□ 完璧!　□ まあまあ　□ もう少し

問題❶　次の質問に答えてみましょう。　日本語訳 P181

① 어렸을 때 어디에 살았어요? → _____.

② 아침에 뭐 먹었어요? → _____.

③ 요즘 뭐 읽었어요? → _____.

④ 생일 때 뭐 받았어요? → _____.

⑤ 만우절 때 뭐 했어요? → _____.

ヒント　어렸을 때 子供の時　요즘 最近　생일 때 誕生日の時　만우절 때 エープリルフールの時
받다 もらう　아무것도 何も　거짓말하다 嘘をつく

問題❷　次の質問に答えてみましょう。　日本語訳 P181

① 어제 어디에 갔어요? → _____.

② 어제 몇 시에 잤어요? → _____.

③ 아침에 몇 시에 일어났어요? → _____.

④ 아침에 뭐 마셨어요? → _____.

⑤ 요즘 뭐 샀어요? → _____.

⑥ 요즘 무슨 영화 봤어요? → _____.

ヒント　어제 昨日　무슨 영화 何の映画

会話編 LESSON 8
ドリル 1

問題❸　次の質問に答えてみましょう。　日本語訳 P181

① 어제 공부했어요? → _____.

② 어제 청소했어요? → _____.

③ 어제 요리했어요? → _____.

④ 요즘 쇼핑했어요? → _____.

⑤ 요즘 운동했어요? → _____.

⑥ 방학 (휴가) 때 여행했어요? → _____.

> **ヒント**　방학 때 (学校の) 休みの時　휴가 때 休暇の時

問題❹　次の質問に答えてみましょう。　解答 P181

① 아침에 밥을 먹었어요?
　→ 네. _____. / 아뇨. _____.

② 오늘 커피를 마셨어요?
　→ 네. _____. / 아뇨. _____.

③ 한국에 살았어요?
　→ 네. _____. / 아뇨. _____.

④ 어제 숙제했어요?
　→ 네. _____. / 아뇨. _____.

⑤ 주말에 공부했어요?
　→ 네. _____. / 아뇨. _____.

会話編

LESSON 8
ドリル2

日付　年　月　日
達成度　□ 😄 完璧！　□ 😊 まあまあ　□ 😟 もう少し

問題❶　방학 때 (휴가 때) 뭐 했어요？思い出すことを全部書いてみましょう。

① _____
② _____
③ _____
④ _____
⑤ _____
⑥ _____
⑦ _____

問題❷　「- 았 / 었어요」を使って日記を書いてみましょう。

년　월　일　요일	☀️ ☁️ ☁️ ☂️ ⛄
일어난 시간 起きた時間　　　시　분	자는 시간 寝る時間　　　시　분

102

LESSON 9
意見を尋ねる

文法 並列「～（く）て(-고)」
動詞の先行「～て(から)(-고)」
逆接「～けれど(-지만)」
ㅂ不規則用言
ㅇ不規則用言

語彙 天気
形容詞

日付　　年　月　日

達成度　□ 😊 完璧！　□ 🙂 まあまあ　□ 😕 もう少し

並列　～（く）て　-고

例　따뜻하다 / 좋다 → 따뜻하고 좋아요
　　暖かい　　いい　　　暖かくていいです

練習❶　〈보기〉のように文を作ってみましょう。　解答 P182

〈보기〉 싸다 / 맛있다 → 싸고 맛있어요.
　　　　　　　　　　　　安くて美味しいです。

① 싸다 / 양이 많다 → _____.
　　　　　　　　　　　安くて量が多いです。

② 멋있다 / 재미있다 → _____.
　　　　　　　　　　　カッコよくて面白いです。

③ 시원하다 / 좋다 → _____.
　　　　　　　　　　涼しくていいです。

④ 비가 오다 / 춥다 → _____.
　　　　　　　　　　雨が降って寒いです。

⑤ 바람이 불다 / 눈이 오다 → _____.
　　　　　　　　　　　　　　風が吹いて雪が降ります。

103

> **動詞の先行** ～て(から) - 고
>
> 例 밥을 먹다 / 커피를 마시다
>   ご飯を食べる　　　コーヒーを飲む
> → 밥을 먹고 커피를 마셔요
>   ご飯を食べて、コーヒーを飲みます

練習❷ 〈보기〉のように文を作ってみましょう。 解答 P182

〈보기〉 영화 보다 / 밥을 먹다 → 영화를 보고 밥을 먹었어요.
　　　　　　　　　　　　　　　映画を見て、ご飯を食べました。

① 공부하다 / 숙제하다　　　　→ _____.
　　　　　　　　　　　　　　　勉強して、宿題しました。

② 저녁을 먹다 / 노래방에 가다 → _____.
　　　　　　　　　　　　　　　晩ご飯を食べて、カラオケに行きました。

③ 음악을 듣다 / 신문을 읽다　 → _____.
　　　　　　　　　　　　　　　音楽を聞いて、新聞を読みました。

④ 일하다 / 술을 마시다　　　 → _____.
　　　　　　　　　　　　　　　働いて、お酒を飲みました。

⑤ 샤워하다 / 자다→　　　　　→ _____.
　　　　　　　　　　　　　　　シャワーして、寝ました。

> **逆接** ～けれど - 지만
>
> 例 따뜻하다 → 따뜻하지만
>   暖かい　　　暖かいけれど
>   먹다 → 먹지만
>   食べる　食べるけれど

練習❸ 〈보기〉のように文を作ってみましょう。 解答 P182

〈보기〉 싸다 / 맛없다 → 싸지만 맛없어요.
　　　　　　　　　　　安いけど、美味しくないです。

① 맛있다 / 양이 적다　→ _____.
　　　　　　　　　　　美味しいけど、量が少ないです。

② 맵다 / 맛있다　　　→ _____.
　　　　　　　　　　　辛いけど、美味しいです。

③ 무섭다 / 재미있다　→ _____.
　　　　　　　　　　　怖いけど、面白いです。

④ 힘들다 / 즐겁다　　→ _____.
　　　　　　　　　　　大変だけど、楽しいです。

⑤ 눈이 오다 / 따뜻하다 → _____.
　　　　　　　　　　　雪が降っているけど、暖かいです。

会話編 LESSON **9**
意見を尋ねる

ㅂ不規則用言

語幹がㅂパッチムで終わる用言。
해요体は ㅂを取って**워요**を付ける。

例 **맵**다 → 매**워요** → 매**웠어요**
　　辛い　　辛いです　　辛かったです

練習❹　表を埋めてみましょう。　解答 P182

基本形	意味	- 아 / 어요	- 았 / 었어요
맵다	辛い		
덥다	暑い		
춥다	寒い		
어렵다	辛い		
쉽다	暑い		
무섭다	寒い		

ㅡ不規則用言

語幹がㅡパッチムで終わる用言。해요体はㅡを取ってㅓ/ㅏ요。

1 語幹　　→　ㅡを取ってㅓ요
　　例　**크**다 → **커요** → **컸어요**
　　　　大きい　大きいです　大きかったです

2 語幹以上 →　ㅡの前が「ㅏ・ㅗ」のとき　　ㅡを取ってㅏ요
　　例　나**쁘**다 → 나**빠요** → 나**빴어요**
　　　　悪い　　　悪いです　　悪かったです

　　　　　　　　ㅡの前が「ㅏ・ㅗ」以外のとき　ㅡを取ってㅓ요
　　例　예**쁘**다 → 예**뻐요** → 예**뻤어요**
　　　　きれい　　きれいです　きれいでした

105

練習❺ 表を埋めてみましょう。 解答 P182

基本形	意味	- 아 / 어요	- 았 / 었어요
쓰다	書く		
바쁘다	忙しい		
예쁘다	きれいだ		
크다	大きい		
기쁘다	嬉しい		
아프다	痛い		

LESSON 9
ドリル1

日付　　年　　月　　日　　達成度　□ 完璧!　□ まあまあ　□ もう少し

問題 ①　「- 고」または「- 지만」を使って、質問に答えてみましょう。　日本語訳 P183

① 오늘 날씨가 어때요?　→ ＿＿＿＿＿＿＿＿＿＿＿＿＿＿＿＿＿.

② 어제 날씨가 어땠어요?　→ ＿＿＿＿＿＿＿＿＿＿＿＿＿＿＿＿＿.

③ 주말에 날씨가 어땠어요?　→ ＿＿＿＿＿＿＿＿＿＿＿＿＿＿＿＿＿.

> ヒント　따뜻하다 暖かい　시원하다 涼しい　덥다 暑い　춥다 寒い　흐리다 曇っている
> 맑다 晴れている　좋다 いい　구름이 많다 雲が多い　비가 오다 雨が降る
> 눈이 오다 雪が降る　바람이 불다 風が吹く　소나기가 오다 夕立が降る

問題 ②　「- 고」または「- 지만」を使って、質問に答えてみましょう。　日本語訳 P183

① 한국어 공부가 어때요?　→ ＿＿＿＿＿＿＿＿＿＿＿＿＿＿＿＿＿.

② 영어가 어때요?　→ ＿＿＿＿＿＿＿＿＿＿＿＿＿＿＿＿＿.

> ヒント　재미있다 面白い　쉽다 簡単だ　즐겁다 楽しい　발음이 어렵다 発音が難しい
> 문법이 어렵다 文法が難しい　회화가 어렵다 会話が難しい
> 숙제가 적다 宿題が少ない　숙제가 많다 宿題が多い　시험이 없다 試験がない

問題 ③　「- 고」または「- 지만」を使って、質問に答えてみましょう。　日本語訳 P183

① 요즘 어땠어요?　→ ＿＿＿＿＿＿＿＿＿＿＿＿＿＿＿＿＿.

② 여행은 어땠어요?　→ ＿＿＿＿＿＿＿＿＿＿＿＿＿＿＿＿＿.

> ヒント　즐겁다 楽しい　재미있다 面白い　힘들다 大変だ　피곤하다 疲れている
> 시간이 많다 時間が多い　시간이 없다 時間がない
> 나쁘다 (으不規則) 悪い　바쁘다 (으不規則) 忙しい　그냥 그랬어요 いまいちでした

問題 ④　「- 고」を使って、質問に答えてみましょう。　日本語訳 P183

① 보통 수업 후에 뭐 해요?　→ ＿＿＿＿＿＿＿＿＿＿＿＿＿＿＿＿＿.

② 보통 아침에 뭐 해요?　→ ＿＿＿＿＿＿＿＿＿＿＿＿＿＿＿＿＿.

③ 주말에 뭐 했어요?　→ ＿＿＿＿＿＿＿＿＿＿＿＿＿＿＿＿＿.

> ヒント　음악을 듣다 音楽を聞く　친구를 만나다 友達に会う

LESSON 9
ドリル2

問題❶ 次の文章を読んで、①～⑦の_____に「- 고」または「- 지만」を入れてみましょう。 解答 P183

주말은 날씨가 ①(맑다)_____ 좋았어요. 그래서 저는 친구를 만났어요.
친구하고 같이 영화를 ②(보다)_____ 점심을 먹었어요. 점심을 ③(먹다)_____
커피를 마셨어요. 어제는 ④(흐리다)_____ 바람이 많이 불었어요.
집에서 ⑤(세탁하다)_____ ⑥(청소하다)_____ 공부했어요. 오늘은 비가
⑦(오다)_____ 따뜻해요.

ヒント 그래서 그래서 많이 たくさん

①_____ ②_____
③_____ ④_____
⑤_____ ⑥_____
⑦_____

会話編 LESSON 9
ドリル 2

問題❷　어때요? 「- 고」または「- 지만」を使って文を作ってみましょう。

日本語訳 P183

① 여자 친구 / 남자 친구

　　____ 고 _____ 아 / 어요.
　　____ 지만 _____ 아 / 어요.

② 좋아하는 연예인
（　　　　　　　）

　　____ 고 _____ 아 / 어요.
　　____ 지만 _____ 아 / 어요.

③ 　한국 음식
（　　　　　　　）

　　____ 고 _____ 아 / 어요.
　　____ 지만 _____ 아 / 어요.

④ 　패스트푸드
（　　　　　　　）

　　____ 고 _____ 아 / 어요.
　　____ 지만 _____ 아 / 어요.

⑤
（　　　　　　　）

　　____ 고 _____ 아 / 어요.
　　____ 지만 _____ 아 / 어요.

ヒント　좋아하는 연예인 好きな芸能人　패스트푸드 ファーストフード

会話編

LESSON 10
願望を尋ねる

文法 助詞「(人)に (한테＝에게)」
願望「〜たいです (-고 싶어요)」
「〜になる (-가/이 되다)」
「〜になりたいです (-가/이 되고 싶어요)」
仮定「〜たら、〜すれば (-(으)면)」

語彙 物
動詞
職業

日付　　年　月　日　　達成度　□😀完璧!　□🙂まあまあ　□☹️もう少し

助詞　(人)に　한테(에게)

（場所・物）に（에）

→ 会話では「한테」をよく使う。

練習❶ ＿＿＿に「한테」を入れてみましょう。　解答 P184

① 친구 ＿＿＿＿＿＿＿
友達

② 형 ＿＿＿＿＿＿＿
（弟から見た）兄

③ 할아버지 ＿＿＿＿＿＿＿
おじいさん

④ 가족 ＿＿＿＿＿＿＿
家族

〜になる　-가/이 되다

直前の語にパッチム×　- 가 되다　　例 가(수)가 돼요
歌手になります

直前の語にパッチム○　- 이 되다　　例 선생(님)이 돼요
先生になります

練習❷ ＿＿＿に「가 / 이 돼요」を入れてみましょう。　解答 P184

① 초등학생 ＿＿＿＿＿＿＿
小学生

② 중학생 ＿＿＿＿＿＿＿
中学生

③ 고등학생 ＿＿＿＿＿＿＿
高校生

④ 대학생 ＿＿＿＿＿＿＿
大学生

会話編 LESSON 10
願望を尋ねる

> 願望 **～たいです** - 고 싶어요
>
> 例 가다 → 가고 싶어요
>   行く   行きたいです

練習❸ 〈보기〉のように文を作ってみましょう。 解答 P184

〈보기〉 밥을 먹다 → 밥을 먹고 싶어요.
　　　　　　　　　安くて美味しいです。

① 영화를 보다　→ _____.
　　　　　　　　　映画を見たいです。

② 음악을 듣다　→ _____.
　　　　　　　　　音楽を聞きたいです。

③ 커피를 마시다　→ _____.
　　　　　　　　　コーヒーを飲みたいです。

④ 한국에 여행 가다 → _____.
　　　　　　　　　韓国に旅行に行きたいです。

> **～になりたいです** -가/이 되고 싶어요
>
> 直前の語にパッチム× - 가 되고 싶어요　例 가수가 되고 싶어요
> 　　　　　　　　　　　　　　　　　　　　歌手になりたいです
> 直前の語にパッチム○ - 이 되고 싶어요　例 선생님이 되고 싶어요
> 　　　　　　　　　　　　　　　　　　　　先生になりたいです

111

練習❹ 〈보기〉のように文を作ってみましょう。　解答 P184

〈보기〉 교사 → 교사가 되고 싶어요.
　　　　　　　教師になりたいです。

① 축구 선수 → _____.
　　　　　　　サッカー選手になりたいです。

② 연예인 → _____.
　　　　　　芸能人になりたいです。

③ 경찰 → _____.
　　　　　警察になりたいです。

④ 엄마 → _____.
　　　　　ママになりたいです。

⑤ 우주비행사 → _____.
　　　　　　　　宇宙飛行士になりたいです。

仮定 〜たら、〜すれば　-(으)면

語幹にパッチム×	-면	例 가다 → 가면　行く／行ったら
語幹にパッチム○	-으면	例 먹다 → 먹으면　食べる／食べたら
ㄹパッチム	-면	例 만들다 → 만들면　作る／作ったら

練習❺ 〈보기〉のように文を作ってみましょう。　解答 P184

〈보기〉 눈이 오다 → 눈이 오면 뭐 하고 싶어요?
　　　　　　　　　雪が降ったら何がしたいですか?

① 비가 오다 → _____?
　　　　　　　雨が降ったら何がしたいですか?

② 여자 친구가 (남자 친구가) 생기다
　　→ _____?
　　彼女が(彼氏が)できたら何がしたいですか?

③ 방학이 되다 → _____?
　　　　　　　　(学校の)休みになったら何がしたいですか?

④ 시간이 많다 → _____?
　　　　　　　　時間がたくさんあったら何がしたいですか?

⑤ 돈이 많다 → _____?
　　　　　　　お金がたくさんあったら何がしたいですか?

⑥ 한국에 살다 → _____?
　　　　　　　　韓国に住んだら何がしたいですか?

LESSON 10
ドリル1

日付　　年　月　日　　達成度　□ 完璧!　□ まあまあ　□ もう少し

問題❶　次の質問に答えてみましょう。　日本語訳 P184

① 지금 뭐 먹고 싶어요? → _____.

② 오늘 뭐 하고 싶어요? → _____.

③ 졸업 후에 뭐 하고 싶어요? → _____.

④ 앞으로 어디에 살고 싶어요 → _____.

> **ヒント**　취직하다 就職する　유학하다 留学する　결혼하다 結婚する

問題❷　次の質問に答えてみましょう。　日本語訳 P184

① 어렸을 때 뭐가 되고 싶었어요?
→ _____.

② 지금은 뭐가 되고 싶어요?
→ _____.

> **ヒント**　어렸을 때 子供の時　지금 今

問題❸　次の質問に答えてみましょう。　日本語訳 P184

① 주말에 뭐 하고 싶어요? → _____.

② 비가 오면 뭐 하고 싶어요? → _____.

③ 복권에 당첨되면 뭐 하고 싶어요?
→ _____.

④ 다시 태어나면 뭐가 되고 싶어요?
→ _____.

> **ヒント**　복권에 당첨되다 宝くじに当たる　다시 태어나다 生まれ変わる

問題❹　次の質問に答えてみましょう。　解答・日本語訳 P184

① 한국어를 계속 배우고 싶어요 ?
　　→ 네 . _____ . / 아뇨 . _____ .

② 한국에 유학 가고 싶어요 ?
　　→ 네 . _____ . / 아뇨 . _____ .

③ 저녁에 한국 음식을 먹고 싶어요 ?
　　→ 네 . _____ . / 아뇨 . _____ .

④ 오늘 영화를 보고 싶어요 ?
　　→ 네 . _____ . / 아뇨 . _____ .

LESSON 10
ドリル2

日付　　　　　　達成度
年　月　日　　□ 😊 完璧!　□ 🙂 まあまあ　□ 😣 もう少し

問題❶　次の文を読んで、日本語に訳してみましょう。　解答 P185

「人生でやりたいこと 10 のリスト」
인생에서 하고 싶은 것 10 가지 리스트

⑴ 우주에 가고 싶어요. _____

⑵ 회사를 만들고 싶어요. _____

⑶ 고양이하고 같이 살고 싶어요. _____

⑷ 세계 여행을 하고 싶어요. _____

⑸ 한국에서 살고 싶어요. _____

⑹ 외국어를 많이 배우고 싶어요. _____

⑺ 결혼하고 싶어요. _____

⑻ 동방신기하고 밥을 먹고 싶어요. _____

⑼ 오로라를 보고 싶어요. _____

⑽ 돌고래하고 같이 수영하고 싶어요. _____

ヒント　우주 宇宙　세계 여행 世界旅行　오로라 オーロラ　돌고래 イルカ　수영하다 泳ぐ

問題❷ 「-고 싶어요」を使って「人生でやりたいこと 10 のリスト」を書いてみましょう。

(1)

(2)

(3)

(4)

(5)

(6)

(7)

(8)

(9)

(10)

LESSON 11
好きなものを尋ねる

文法
疑問詞「何の（무슨）」
疑問詞「どんな（어떤）」
〜が好きです　-를/을 좋아해요、-가/이 좋아요
〜が嫌いです　-를/을 싫어해요、-가/이 싫어요
形容詞の連体形　-ㄴ/은
있다 / 없다の連体形　-는
動詞の連体形　-는

語彙
季節
動物
性格
果物
色

日付　年　月　日
達成度　□ 😊 完璧！　□ 😐 まあまあ　□ 😟 もう少し

→ 뭐（무엇）何

疑問詞 何の	무슨
例	무슨 노래 何の歌

→ 어느　どの

疑問詞 どんな	어떤
例	어떤 노래 どんな歌

練習❶ 韓国語に訳してみましょう。　解答 P185

① ＿＿＿ 동물　② ＿＿＿ 과일　③ ＿＿＿ 영화　④ ＿＿＿ 음식
　何の動物　　　　何の果物　　　　どんな映画　　　どんな食べ物

→ 좋아하다　好きだ

〜が好きです(1)

直前の語にパッチム×	-를 좋아해요	例 고기를 좋아해요 肉が好きです
直前の語にパッチム○	-을 좋아해요	例 생선을 좋아해요 魚が好きです

→ 좋다　いい

〜が好きです(2)

直前の語にパッチム×	-가 좋아요	例 고기가 좋아요 肉がいいです
直前の語にパッチム○	-이 좋아요	例 생선이 좋아요 魚がいいです

練習❷ 〈보기〉のように文を作ってみましょう。 解答 P185

〈보기〉 사과 → 사과<u>를</u> 좋아해요. = 사과<u>가</u> 좋아요.
　　　　　　　　　　　　　　　　　　リンゴが好きです。

① 딸기 → 딸기____ 좋아해요. = 딸기____ 좋아요.
　　　　　　　　　　　　　　　イチゴが好きです。

② 과일 → 과일____ 좋아해요. = 과일____ 좋아요.
　　　　　　　　　　　　　　　果物が好きです。

③ 봄　 → 봄____ 좋아해요. = 봄____ 좋아요.
　　　　　　　　　　　　　春が好きです。

④ 여름 → 여름____ 좋아해요. = 여름____ 좋아요.
　　　　　　　　　　　　　　　夏が好きです。

　　　　　　　　　　　→ 싫어하다　嫌う

〜が嫌いです(1)		
直前の語にパッチム×	-를 싫어해요	例 고(기)를 싫어해요 肉が嫌いです
直前の語にパッチム○	-을 싫어해요	例 생(선)을 싫어해요 魚が嫌いです

　　　　　　　　　　　→ 싫다　嫌だ

〜が嫌いです(2)		
直前の語にパッチム×	-가 싫어요	例 고(기)가 싫어요 肉が嫌いです
直前の語にパッチム○	-이 싫어요	例 생(선)이 싫어요 魚が嫌いです

会話編 LESSON 11
好きなものを尋ねる

練習❸ 〈보기〉のように文を作ってみましょう。　解答 P185

〈보기〉 야채 → 야채를 싫어해요. = 야채가 싫어요
　　　　　　　　　　　　　　　　　　　リンゴが好きです。

① 커피 → 커피_____ 싫어해요. = 커피_____ 싫어요.
　　　　　　　　　　　　　　コーヒーが嫌いです。

② 담배 → 담배_____ 싫어해요. = 담배_____ 싫어요.
　　　　　　　　　　　　　　タバコが嫌いです

③ 가을 → 가을_____ 싫어해요. = 가을_____ 싫어요.
　　　　　　　　　　　　　　秋が嫌いです。

④ 겨울 → 겨울_____ 싫어해요. = 겨울_____ 싫어요.
　　　　　　　　　　　　　　冬が嫌いです。

形容詞の連体形（～な／～い＋名詞）　-ㄴ/은

語幹にパッチム×	-ㄴ	例	크다 → 큰
			大きい　大きな～
語幹にパッチム○	-은	例	작다 → 작은
			小さい　小さな～
ㄹパッチム	ㄹを取って-ㄴ	例	멀다 → 먼
			遠い　遠い～
ㅂパッチム	ㅂを取って-운	例	가깝다 → 가까운
			近い　近い～

練習❹ 〈보기〉のように連体形を作ってみましょう。　解答 P185

〈보기〉 키가 크다 / 남자 → 키가 큰 남자
　　　　　　　　　　　　背が大きい男性

① 예쁘다 / 여자 → _____ 여자
　　　　　　　　　きれいな女性

② 조용하다 / 음악 → _____ 음악
　　　　　　　　　　静かな音楽

③ 달다 / 과자 → _____ 과자
　　　　　　　　 甘いお菓子

④ 춥다 / 날씨 → _____ 날씨
　　　　　　　　 寒い天気

⑤ 귀엽다 / 강아지 → _____ 강아지
　　　　　　　　　　かわいい子犬

119

| 있다 / 없다の連体形 | - 는 |

例 있다 → 있는
いる、ある　　いる〜、ある〜

맛없다 → 맛없는
美味しくない　美味しくない〜

練習❺ 〈보기〉のように連体形を作ってみましょう。　解答 P185

〈보기〉 여자 친구가 있다 / 사람 → 여자 친구가 있는 사람
　　　　　　　　　　　　　　　　彼女がいる人

① 맛있다 / 요리　→ ＿＿＿＿＿＿＿＿＿＿＿ 요리
　　　　　　　　　　美味しい料理

② 멋있다 / 남자　→ ＿＿＿＿＿＿＿＿＿＿＿ 남자
　　　　　　　　　　カッコイイ男性

③ 재미있다 / 영화 → ＿＿＿＿＿＿＿＿＿＿＿ 영화
　　　　　　　　　　面白い映画

④ 재미없다 / 책　→ ＿＿＿＿＿＿＿＿＿＿＿ 책
　　　　　　　　　　面白くない本

| 動詞の連体形（〜する＋名詞）| - 는 |

例 가다 → 가는
　　行く　　行く〜

먹다 → 먹는
食べる　食べる〜

練習❻ 〈보기〉のように連体形を作ってみましょう。　解答 P185

〈보기〉 밥을 먹다 / 것 → 밥을 먹는 것　ご飯を食べること

① 자다 / 것　　　　→ ＿＿＿＿＿＿＿＿＿＿＿
　　　　　　　　　　　寝ること

② 노래를 부르다 / 것 → ＿＿＿＿＿＿＿＿＿＿＿
　　　　　　　　　　　歌うこと

③ 책을 읽다 / 것　　→ ＿＿＿＿＿＿＿＿＿＿＿
　　　　　　　　　　　本を読むこと

④ 영화를 보다 / 것　→ ＿＿＿＿＿＿＿＿＿＿＿
　　　　　　　　　　　映画を見ること

LESSON 11
ドリル1

日付 　年　月　日　　**達成度** ☐ 😊 完璧！　☐ 😐 まあまあ　☐ 😣 もう少し

問題❶　次の質問に答えてみましょう。　日本語訳 P186

① 무슨 노래를 좋아해요? → ＿＿＿＿＿＿＿＿＿＿＿＿＿＿＿＿＿＿＿＿．

② 무슨 동물을 좋아해요? → ＿＿＿＿＿＿＿＿＿＿＿＿＿＿＿＿＿＿＿＿．

③ 무슨 과일을 좋아해요? → ＿＿＿＿＿＿＿＿＿＿＿＿＿＿＿＿＿＿＿＿．

④ 무슨 과목을 좋아해요 → ＿＿＿＿＿＿＿＿＿＿＿＿＿＿＿＿＿＿＿＿．

⑤ 무슨 계절을 좋아해요 → ＿＿＿＿＿＿＿＿＿＿＿＿＿＿＿＿＿＿＿＿．

問題❷　次の質問に連体形「-ㄴ / 은 / 는」を使って答えてみましょう。　日本語訳 P186

① 어떤 사람을 좋아해요? → ＿＿＿＿＿＿＿＿＿＿＿＿＿＿＿＿＿＿＿＿．

② 어떤 영화를 좋아해요? → ＿＿＿＿＿＿＿＿＿＿＿＿＿＿＿＿＿＿＿＿．

③ 어떤 음악를 좋아해요? → ＿＿＿＿＿＿＿＿＿＿＿＿＿＿＿＿＿＿＿＿．

④ 어떤 음식를 좋아해요? → ＿＿＿＿＿＿＿＿＿＿＿＿＿＿＿＿＿＿＿＿．

問題❸　뭐 하는 걸 좋아해요? 〈보기〉のように5つ書いてみましょう。

〈보기〉 밥을 먹는 걸 좋아해요.
　　　　訳） ご飯を食べることが好きです。

① ＿＿＿＿＿＿＿＿＿＿＿＿＿＿＿ 걸 좋아해요. 訳） ＿＿＿＿＿＿＿＿＿＿＿＿

② ＿＿＿＿＿＿＿＿＿＿＿＿＿＿＿ 걸 좋아해요. 訳） ＿＿＿＿＿＿＿＿＿＿＿＿

③ ＿＿＿＿＿＿＿＿＿＿＿＿＿＿＿ 걸 좋아해요. 訳） ＿＿＿＿＿＿＿＿＿＿＿＿

④ ＿＿＿＿＿＿＿＿＿＿＿＿＿＿＿ 걸 좋아해요. 訳） ＿＿＿＿＿＿＿＿＿＿＿＿

⑤ ＿＿＿＿＿＿＿＿＿＿＿＿＿＿＿ 걸 좋아해요. 訳） ＿＿＿＿＿＿＿＿＿＿＿＿

問題④ 〈보기〉のように質問に答えてみましょう。　日本語訳 P186

〈보기〉 사과하고 포도 중에서 뭐가 더 좋아요?
　　　→ 저는 사과보다 포도가 더 좋아요.

① 개하고 고양이 중에서 뭐가 더 좋아요?
　　→ 저는 _____.

② 고기하고 생선 중에서 뭐가 더 좋아요?
　　→ 저는 _____.

問題⑤ 〈보기〉のように質問に答えてみましょう。　日本語訳 P186

〈보기〉 야채 중에서 뭐가 제일 좋아요?
　　　→ 저는 오이가 제일 좋아요.

① 계절 중에서 뭐가 제일 좋아요?
　　→ 저는 _____.

② 과일 중에서 뭐가 제일 좋아요?
　　→ 저는 _____.

LESSON 11
ドリル2

日付　　年　月　日

達成度　□ 完璧!　□ まあまあ　□ もう少し

問題❶ 「뭘 제일 좋아해요?」次の順番に沿って、自分の一番好きなものを決めてみましょう。

(1) まず、①～⑧に好きな人、好きなもの、好きな動物、好きな場所、好きな食べ物など、好きなことを思い浮かぶ順に8つ書いてみましょう。

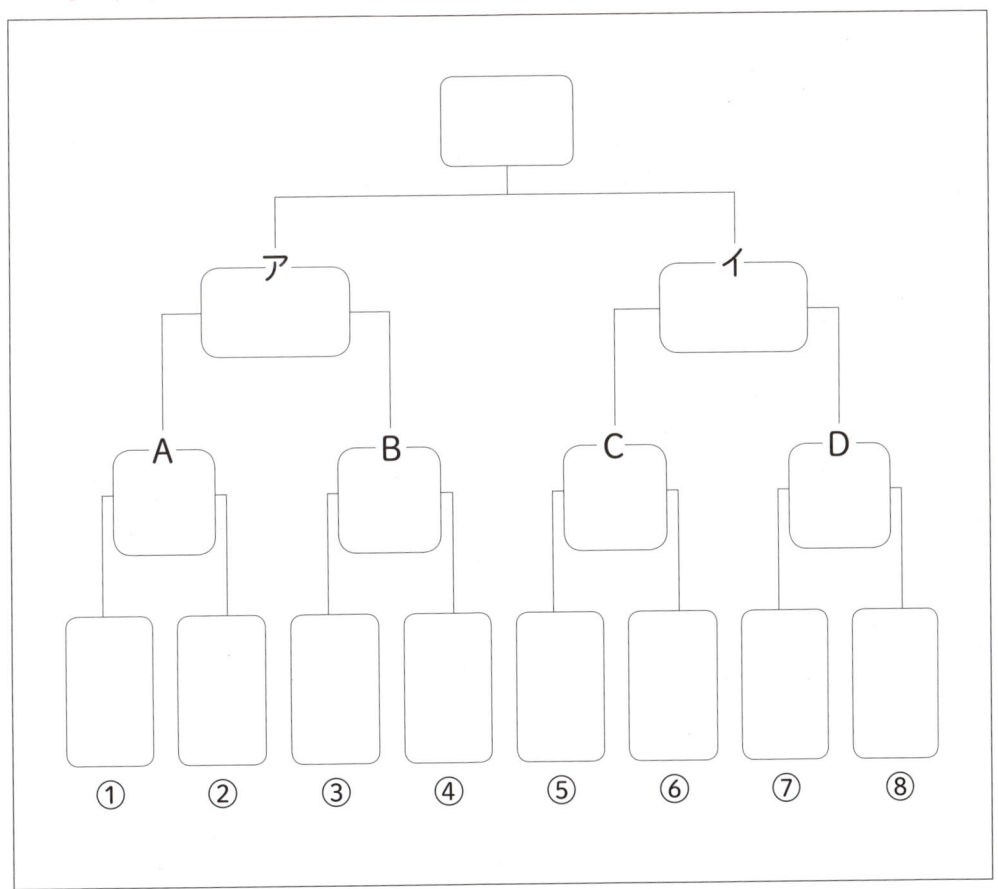

(2) 2つ（①と②、③と④、⑤と⑥、⑦と⑧）のどちらがより好きなのか、〈보기〉のように質問して答えを「A～D」に書いてみましょう。

〈보기〉　_____ 하고 _____ 중에서 뭐가 더 좋아요？
　　　→ 저는 _____ 보다 _____ 가/이 더 좋아요.
a. ①と② 저는 _____ 보다 _____ 가/이 더 좋아요.
b. ③と④ 저는 _____ 보다 _____ 가/이 더 좋아요.
c. ⑤と⑥ 저는 _____ 보다 _____ 가/이 더 좋아요.
d. ⑦と⑧ 저는 _____ 보다 _____ 가/이 더 좋아요.

(3) 2つ（AとB、CとD）のどちらがより好きなのか、〈보기〉のように質問して答えを「ア、イ」に書いてみましょう。

〈보기〉　_____ 하고 _____ 중에서 뭐가 더 좋아요？
　　　→ 저는 _____ 보다 _____ 가/이 더 좋아요.
a. AとB 저는 _____ 보다 _____ 가/이 더 좋아요.
b. CとD 저는 _____ 보다 _____ 가/이 더 좋아요.

(4) 「ア」と「イ」のどちらがより好きなのか、〈보기〉のように質問して答えを最上部の☐に書いてみましょう。

〈보기〉　_____ 하고 _____ 중에서 뭐가 더 좋아요？
　　　→ 저는 _____ 보다 _____ 가/이 더 좋아요.
a. アとイ 저는 _____ 보다 _____ 가/이 더 좋아요.

(5) ①～⑧の中で一番好きなものは何ですか？

〈보기〉 뭘 제일 좋아해요？
　　　→ 저는 _____ 를/을 제일 좋아해요.

LESSON 12
かしこまった表現で尋ねる

文法 (かしこまった)名詞＋です　입니다
　　　　　名詞＋ですか　입니까
　　　(かしこまった)ではありません　-가/이 아닙니다
　　　(かしこまった)ではありませんか　-가/이 아닙니까
　　　(かしこまった)です・ます　-ㅂ/습니다
　　　　　ですか・ますか　-ㅂ/습니까
　　　(かしこまった)でした・ました　-았/었습니다
　　　　　でしたか・ましたか　-았/었습니까
　　　(かしこまった)名詞＋でした　-였습니다/이었습니다
　　　　　名詞＋でしたか　-였습니까/이었습니까
「지 않다」否定

語彙 頻度副詞
日課

日付　　年　月　日
達成度　□ 完璧！　□ まあまあ　□ もう少し

(かしこまった)名詞＋ですか？ (합니다体)

例　가수입니까？　선생님입니까？
　　歌手ですか？　　先生ですか？

(かしこまった)名詞＋です (합니다体)

例　가수입니다　선생님입니다
　　歌手です　　先生です

練習❶ 〈보기〉のように質問と答えを作ってみましょう。　解答 P186

〈보기〉 선생님 → 선생님입니까？ / 네. 선생님입니다.
　　　　　　　　先生ですか？　　　　はい。先生です。

① 일본 사람 → _____?／ 네. _____.
　　　　　　　日本人ですか？　　　　はい。日本人です。

② 대학생 → _____?／ 네. _____.
　　　　　　大学生ですか？　　　　はい。大学生です。

③ 회사원 → _____?／ 네. _____.
　　　　　　会社員ですか？　　　　はい。会社員です。

④ 주부 → _____?／ 네. _____.
　　　　　主婦ですか？　　　　　はい。主婦です。

> （かしこまった）〜ではありませんか？　　-가/이 아닙니까?

| 直前の語にパッチム× | - 가 아닙니까? | 例 가수가 아닙니까?
歌手ではありませんか？ |
| 直前の語にパッチム○ | - 이 아닙니까? | 例 선생님이 아닙니까?
先生ではありませんか？ |

> （かしこまった）〜ではありません　　-가/이 아닙니다

| 直前の語にパッチム× | - 가 아닙니다 | 例 가수가 아닙니다
歌手ではありません |
| 直前の語にパッチム○ | - 이 아닙니다 | 例 선생님이 아닙니다
先生ではありません |

練習❷ 〈보기〉のように質問に全部否定して答えてみましょう。　解答 P186

〈보기〉 선생님 → 선생님입니까 ?/ 아뇨. 선생님이 아닙니다.
　　　　　　　　　先生ですか？　　　　　いいえ。先生ではありません。

① 한국 사람 → 한국 사람입니까? 아뇨. _____.
　　　　　　　　韓国人ですか？　　　　　いいえ。韓国人ではありません。

② 공무원 → 공무원입니까? 아뇨. _____.
　　　　　　公務員ですか？　　　　いいえ。公務員ではありません。

③ 의사 → 의사입니까? 아뇨. _____.
　　　　　医者ですか？　　　いいえ。医者ではありません。

④ 아르바이트 → 아르바이트입니까? 아뇨. _____.
　　　　　　　　アルバイトですか？　　　いいえ。アルバイトではありません。

会話編 LESSON 12
かしこまった表現で尋ねる

（かしこまった）ですか・ますか？ 합니다体

語幹にパッチム×	-ㅂ니까？	例 가다 → 갑니까？ (行く / 行きますか？)
語幹にパッチム○	-습니까？	例 먹다 → 먹습니까？ (食べる / 食べますか？)
ㄹパッチム ㄹ取って	-ㅂ니까？	例 만들다 → 만듭니까？ (作る / 作りますか？)

（かしこまった）です・ます 합니다体

語幹にパッチム×	-ㅂ니다	例 가다 → 갑니다 (行く / 行きます)
語幹にパッチム○	-습니다	例 먹다 → 먹습니다 (食べる / 食べます)
ㄹパッチム ㄹ取って	-ㅂ니다	例 만들다 → 만듭니다 (作る / 作ります)

練習❸ 表を埋めてみましょう。 解答 P187

基本形	意味	ㅂ/습니까？	ㅂ/습니다
자다	寝る		
보다	見る		
괜찮다	大丈夫だ		
살다	住む		
공부하다	勉強する		
오다	来る		
만나다	会う		
앉다	座る		
읽다	読む		
웃다	笑う		
놀다	遊ぶ		
여행하다	旅行する		

→「안否定」よりやや丁寧

지 않다否定 語幹＋지 않다

例 가다 → 가지 않습니다
　　行く　　行きません

「아/어요体」は「가지 않아요」

練習❹ 表を埋めてみましょう。 解答 P187

基本形	意味	- 지 않습니다	基本形	意味	- 지 않습니다
가다	行く		오다	来る	
일어나다	起きる		사다	買う	
타다	乗る		만나다	会う	
보다	見る		기다리다	待つ	
웃다	笑う		울다	泣く	
입다	着る		쉬다	休む	

（かしこまった）でしたか・ましたか？

「-았/었어요」体の어요の代わりに습니까？を付ける。

語幹＋았/었습니까？

例 가다 → 갔어요？ → 갔습니까？
　　行く　　行きましたか？　行きましたか？

例 먹다 → 먹었어요？ → 먹었습니까？
　　食べる　食べましたか？　食べましたか？

하語幹→했습니까？

例 일하다 → 일했어요？ → 일했습니까？
　　働く　　　働きましたか？　働きましたか？

会話編 **LESSON 12**
かしこまった表現で尋ねる

（かしこまった）ました・でした

「-았/었어요」体の어요の代わりに습니다を付ける。

語幹＋았/었습니다　例　가다 → 갔어요 → 갔습니다
　　　　　　　　　　　 行く　 行きました　行きました

　　　　　　　　　　例　먹다 → 먹었어요 → 먹었습니다
　　　　　　　　　　　 食べる　食べました　食べました

하語幹→했습니다　例　일하다 → 일했어요 → 일했습니다
　　　　　　　　　　　 働く　　 働きました　　働きました

練習❺　表を埋めてみましょう。　解答 P188

基本形	意味	- 았 / 었습니까？	- 았 / 었습니다
가다	行く		
자다	寝る		
보다	見る		
먹다	食べる		
괜찮다	大丈夫だ		
살다	住む		
공부하다	勉強する		
청소하다	掃除する		
오다	来る		
만나다	会う		
앉다	座る		
읽다	読む		
웃다	笑う		
놀다	遊ぶ		
여행하다	旅行する		
운동하다	運動する		

129

ㄷ不規則用言

語幹がㄷパッチムで終わる用言。해요体は ㄷを取ってㄹ어요を付ける。

例 듣다 → 들었어요 → 들었습니까? → 들었습니다
　　聞く　　聞きましたか　　聞きましたか?　　聞きました

練習❻　表を埋めてみましょう。　解答 P188

基本形	意味	- 았/었습니까?	- 았/었습니다
듣다	聞く		
묻다	尋ねる		
걷다	歩く		
싣다	載せる		

ㅂ不規則用言

語幹がㅂパッチムで終わる用言。해요体はㅂを取って워요を付ける。

例 맵다 → 매웠어요 → 매웠습니까? → 매웠습니다
　　辛い　　辛かったです　　辛かったです?　　辛かったです

130

会話編 LESSON 12
かしこまった表現で尋ねる

練習❼ 表を埋めてみましょう。　解答 P189

基本形	意味	- 았 / 었습니까?	- 았 / 었습니다
맵다	辛い		
덥다	暑い		
춥다	寒い		
어렵다	難しい		
쉽다	簡単だ		

（かしこまった）名詞 + でしたか　- 였습니까/이었습니까

直前の語にパッチム×　- 였습니까？　例 가수였습니까？
歌手でしたか？

直前の語にパッチム○　- 이었습니까？　例 선생님이었습니까？
先生でしたか？

（かしこまった）名詞 + でした　- 였습니다/이었습니다

直前の語にパッチム×　- 였습니다　例 가수였습니다
歌手でした

直前の語にパッチム○　- 이었습니다　例 선생님이었습니다
先生でした

131

LESSON 12
ドリル1

日付　　　　　　　達成度
年　月　日　　□ 😄 完璧！　□ 🙂 まあまあ　□ 😣 もう少し

問題❶ 〈보기〉のように質問に答えてみましょう。　解答・日本語訳 P189

〈보기〉 선생님입니까 ?　先生ですか？

→ 네 . 선생님입니다 . / 아뇨 . 선생님이 아닙니다 .
　　はい。先生です　　　　　いいえ。先生ではありません。

① 대학생입니까 ?
→ 네 . ＿＿＿＿＿＿＿＿＿＿ . / 아뇨 . ＿＿＿＿＿＿＿＿＿＿ .

② 주부입니까 ?
→ 네 . ＿＿＿＿＿＿＿＿＿＿ . / 아뇨 . ＿＿＿＿＿＿＿＿＿＿ .

③ 일본 사람입니까 ?
→ 네 . ＿＿＿＿＿＿＿＿＿＿ . / 아뇨 . ＿＿＿＿＿＿＿＿＿＿ .

④ 비밀입니까 ?
→ 네 . ＿＿＿＿＿＿＿＿＿＿ . / 아뇨 . ＿＿＿＿＿＿＿＿＿＿ .

（ヒント）비밀 秘密

問題❷ 〈보기〉のように質問に答えてみましょう。　解答・日本語訳 P189

〈보기〉 학교에 갑니까 ?

→ 네 . 학교에 갑니다 . / 아뇨 . 학교에 가지 않습니다 .
　　はい。学校に行きます。　　いいえ。学校に行きません。

① 아침을 먹습니까 ?
→ 네 . ＿＿＿＿＿＿＿＿＿＿ . / 아뇨 . ＿＿＿＿＿＿＿＿＿＿ .

② 신문을 읽습니까 ?
→ 네 . ＿＿＿＿＿＿＿＿＿＿ . / 아뇨 . ＿＿＿＿＿＿＿＿＿＿ .

③ 술을 마십니까 ?
→ 네 . ＿＿＿＿＿＿＿＿＿＿ . / 아뇨 . ＿＿＿＿＿＿＿＿＿＿ .

④ 담배를 피웁니까 ?
→ 네 . ＿＿＿＿＿＿＿＿＿＿ . / 아뇨 . ＿＿＿＿＿＿＿＿＿＿ .

> **ヒント**　담배를 피우다　タバコを吸う

問題❸　次の質問に答えてみましょう。　日本語訳 P189

① 주말에 어디에 갔습니까? → _____ .
② 아침에 뭐 먹었습니까? → _____ .
③ 어제 몇 시에 잤습니까? → _____ .
④ 아침에 일찍 일어났습니까? → _____ .
⑤ 요즘 영화를 봤습니까? → _____ .

> **ヒント**　어제 昨日　일찍 早く　늦게 遅く　요즘 最近

LESSON 12
ドリル2

日付　　年　月　日

達成度　□ 完璧!　□ まあまあ　□ もう少し

問題❶　〈보기〉のように質問に「자주 よく、가끔 たまに、별로 あまり（〜ない）、전혀 全然（〜ない）」を使って答えてみましょう。　解答・日本語訳 P190

〈보기〉　산에 갑니까?　山に行きますか?
→ 네. 자주 (가끔) 갑니다.
　はい。よく（時々）行きます。
→ 아뇨. 별로 (전혀) 가지 않습니다.
　いいえ。あまり（全然）行きません。

頻度 高
↑ 자주 よく
　가끔 たまに
　별로 あまり（〜ない）
↓ 전혀 전연（〜ない）
頻度 低

① 도서관에 갑니까? →＿＿＿＿＿＿＿＿＿＿．
② 운동합니까? →＿＿＿＿＿＿＿＿＿＿．
③ 책을 읽습니까? →＿＿＿＿＿＿＿＿＿＿．
④ 김치를 먹습니까? →＿＿＿＿＿＿＿＿＿＿．
⑤ 산책합니까? →＿＿＿＿＿＿＿＿＿＿．
⑥ 게임을 합니까? →＿＿＿＿＿＿＿＿＿＿．
⑦ 신문을 봅니까? →＿＿＿＿＿＿＿＿＿＿．
⑧ 요리합니까? →＿＿＿＿＿＿＿＿＿＿．
⑨ 디즈니랜드에 갑니까? →＿＿＿＿＿＿＿＿＿＿．
⑩ 데이트를 합니까? →＿＿＿＿＿＿＿＿＿＿．

ヒント　산책하다 散歩する　디즈니랜드 ディズニーランド　데이트하다 デートする

問題❷ 지난주에 뭐 했습니까? 先週何をしたのか「-았/었습니다」を使って書いてみましょう。

月　日　월요일	
月　日　화요일	
月　日　수요일	
月　日　목요일	
月　日　금요일	
月　日　토요일	
月　日　일요일	

LESSON 13
予定を尋ねる

文法 意志 〜するつもりです -(으)ㄹ 거예요　　**語彙** 場所、服、〜の時、予定
移動の目的 〜しに -(으)러

日付　　年　月　日　　達成度　□ 完璧!　□ まあまあ　□ もう少し

移動の目的 〜しに -(으)러

語幹にパッチム×	-러	例	보다 → 보러
			見る　見に
語幹にパッチム○	-으러	例	먹다 → 먹으러
			食べる　食べに
ㄹパッチム	-러	例	살다 → 살러
			住む　住みに

練習❶ 〈보기〉のように文を作ってみましょう。　解答 P190

〈보기〉 영화를 보다 / 가다 → 영화를 보러 가요.
映画を見に行きます。

① 밥을 먹다 / 가다 → _____.
ご飯を食べに行きます。

② 등산하다 / 가다 → _____.
登山しに行きます。

③ 놀다 / 가다 → _____.
遊びに行きます。

④ 커피를 마시다 / 가다 → _____.
コーヒーを飲みに行きます。

⑤ 쇼핑하다 / 가다 → _____.
ショッピングしに行きます。

136

会話編 **LESSON 13**
予定を尋ねる

発音は[꺼예요]

意志	～するつもりです（か）	-ㄹ/을 거예요
語幹にパッチム×	- ㄹ 거예요	例 보다（見る） → 볼 거예요（見るつもりです）
語幹にパッチム○	- 을 거예요	例 먹다（食べる） → 먹을 거예요（食べるつもりです）
ㄹパッチム	- 거예요	例 살다（住む） → 살 거예요（住むつもりです）

練習❷ 〈보기〉のように文を作ってみましょう。　解答 P190

〈보기〉 영화를 보다 → 영화를 볼 거예요.
　　　　　　　　　　　映画を見に行きます。

① 한국 음식을 먹다 → _____.
　　　　　　　　　　　韓国料理を食べるつもりです。

② 숙제하다 → _____.
　　　　　　　宿題をするつもりです。

③ 놀러 가다 → _____.
　　　　　　　　遊びに行くつもりです。

④ 친구를 만나다 → _____.
　　　　　　　　　　友達に会うつもりです。

⑤ 콘서트에 가다 → _____.
　　　　　　　　　　コンサートに行くつもりです。

⑥ 술을 안 마시다 → _____.
　　　　　　　　　　　お酒を飲まないつもりです。

LESSON 13
ドリル1

日付　　年　　月　　日

達成度　□ 😆 完璧！　□ 😊 まあまあ　□ 😣 もう少し

問題❶　次の質問に答えてみましょう。　日本語訳 P190

① 저녁에 뭐 먹을 거예요?
　→ ＿＿＿＿＿＿＿＿＿＿＿＿＿＿＿＿＿＿＿＿＿＿＿＿＿＿＿＿＿＿＿．

② 내일 어디 갈 거예요?
　→ ＿＿＿＿＿＿＿＿＿＿＿＿＿＿＿＿＿＿＿＿＿＿＿＿＿＿＿＿＿＿＿．

③ 오늘 몇 시에 잘 거예요?
　→ ＿＿＿＿＿＿＿＿＿＿＿＿＿＿＿＿＿＿＿＿＿＿＿＿＿＿＿＿＿＿＿．

④ 나중에 어디에 살 거예요?
　→ ＿＿＿＿＿＿＿＿＿＿＿＿＿＿＿＿＿＿＿＿＿＿＿＿＿＿＿＿＿＿＿．

⑤ 주말에 뭐 할 거예요?
　→ ＿＿＿＿＿＿＿＿＿＿＿＿＿＿＿＿＿＿＿＿＿＿＿＿＿＿＿＿＿＿＿．

⑥ 방학 때 (휴가 때) 뭐 할 거예요?
　→ ＿＿＿＿＿＿＿＿＿＿＿＿＿＿＿＿＿＿＿＿＿＿＿＿＿＿＿＿＿＿＿．

ヒント　저녁 夜　내일 明日　오늘 今日　나중 後で、将来

問題❷　친구 생일 때 뭐 할 거예요? 誕生日会の幹事になりました。「-ㄹ/을 거예요」
　　　　　を使って誕生日パーティーの計画を立ててみましょう。　日本語訳 P190

① 누구를 부를 거예요?
　→ ＿＿＿＿＿＿＿＿＿＿＿＿＿＿＿＿＿＿＿＿＿＿＿＿＿＿＿＿＿＿＿．

② 생일 파티는 언제 할 거예요?
　→ ＿＿＿＿＿＿＿＿＿＿＿＿＿＿＿＿＿＿＿＿＿＿＿＿＿＿＿＿＿＿＿．

③ 생일 파티는 어디서 할 거예요?
　→ ＿＿＿＿＿＿＿＿＿＿＿＿＿＿＿＿＿＿＿＿＿＿＿＿＿＿＿＿＿＿＿．

④ 생일 선물을 뭐 할 거예요?
　→ ＿＿＿＿＿＿＿＿＿＿＿＿＿＿＿＿＿＿＿＿＿＿＿＿＿＿＿＿＿＿＿．

⑤ 무슨 음식을 먹을 거예요?
→ _____.

⑥ 생일 파티는 몇 시부터 몇 시까지 할 거예요?
→ _____.

ヒント 누구 誰　부르다 呼ぶ

LESSON 13
ドリル2

日付　年　月　日

達成度　□ 😄 完璧!　□ 😊 まあまあ　□ 😞 もう少し

問題❶ 내일 뭐 할 거예요? 「-ㄹ/을 거예요」を使って明日の予定を書いてみましょう。

明日（　月　　日　　曜日）	
時間	スケジュール
:	일어날 거예요
:	
:	
:	
:	
:	잘 거예요

会話編 LESSON 13
ドリル 2

問題② 올해 뭐 할 거예요? 「-ㄹ/을 거예요」を使って今年の抱負を7つ書いてみましょう。

(1)

(2)

(3)

(4)

(5)

(6)

(7)

> **ヒント**
> 공부를 열심히 하다 勉強を一生懸命にする　요리를 배우다 料理を習う
> 여행가다 旅行に行く　유학 가다 留学に行く　혼자 살다 一人暮らしをする
> 다이어트하다 ダイエットする　자격증을 따다 資格を取る　운전 면허를 따다 運転免許を取る

LESSON 14
意向を尋ねる

文法
助詞「(方向)へ (-(으)로)」
勧誘　〜しましょうか(-(으)ㄹ까요?)
勧誘　〜しましょう(-아/어요)
勧誘　(かしこまった)〜しましょう(-ㅂ/읍시다)
理由　〜なんですよ(-거든요)
依頼　〜してください(-아/어 주세요)

語彙　プレゼント
映画
食べ物

日付　　年　　月　　日

達成度　□ 😊完璧!　□ 😐まあまあ　□ 😟もう少し

助詞 へ(方向) -(으)로	
直前の語にパッチム× -로	例 인도로 （インドへ）
直前の語にパッチム○ -으로	例 일본으로 （日本へ）
ㄹパッチム -로	例 브라질로 （ブラジルへ）

練習❶　〈보기〉のように文を作ってみましょう。　解答 P191

〈보기〉 프랑스 → 프랑스로 가요.
　　　　　　　　　フランスへ行きます

① 한국 → _____
　　　　　韓国へ行きます

② 서울 → _____
　　　　　ソウルへ行きます

③ 산　 → _____
　　　　　山へ行きます

④ 바다 → _____
　　　　　海へ行きます

142

会話編 **LESSON 14**
意向を尋ねる

勧誘 〜しましょうか？   -ㄹ/을까요？

語幹にパッチム×	-ㄹ까요？	例	가다 → 갈까요？
			行く　行きましょうか？
語幹にパッチム○	-을까요？	例	먹다 → 먹을까요？
			食べる　食べましょうか？
ㄹパッチム	-ㄹ까요？	例	살다 → 살까요？
			住む　住みましょうか？
ㄷパッチム　ㄷ取って	-ㄹ을까요？	例	듣다 → 들을까요？
			聞く　聞きしょうか？

練習❷ 〈보기〉のように文を作ってみましょう。　解答 P191

〈보기〉 영화를 보다 → 영화를 볼까요？
　　　　　　　　　　　映画を見ましょうか？

① 커피를 마시다 → _____ ？
　　　　　　　　　コーヒーを飲みましょうか？

② 꽃을 사다 → _____ ？
　　　　　　　花を買いましょうか？

③ 요리를 만들다 → _____ ？
　　　　　　　　　料理を作りましょうか？

④ 음악을 듣다 → _____ ？
　　　　　　　　音楽を聞きましょうか？

⑤ 뭘 도와 드리다 → _____ ？
　　　　　　　　　　何をお手伝いしましょうか？

> 해요体は「〜しましょう（勧誘）」の意味としても使う。

勧誘 〜しましょう   -아/어요

語幹＋아/어요	例	가다 → 같이 가요
		行く　一緒に行きましょう
	例	먹다 → 같이 먹어요
		食べる　一緒に食べましょう
하語幹→해요	例	하다 → 같이 해요
		する　一緒にやりましょう

143

練習❸ 〈보기〉のように文を作ってみましょう。　解答 P191

〈보기〉 밥을 먹다 → 같이 밥을 먹어요.
　　　　　　　　　　　一緒にご飯を食べましょう。

① 영화를 보다　→ 같이 _____.
　　　　　　　　　　　一緒に映画を見ましょう。

② 놀다　　　　→ 같이 _____.
　　　　　　　　　　　一緒に遊びましょう。

③ 공부하다　　→ 같이 _____.
　　　　　　　　　　　一緒に勉強しましょう。

④ 여행 가다　　→ 같이 _____.
　　　　　　　　　　　一緒に旅行に行きましょう。

勧誘　（かしこまった）〜しましょう　-ㅂ/읍시다

語幹にパッチム×	-ㅂ시다	例	가다 → 갑시다　行く／行きましょう
語幹にパッチム○	-읍시다	例	먹다 → 먹읍시다　食べる／食べましょう
ㄹパッチム　ㄹ取って	-ㅂ시다	例	살다 → 삽시다　住む／住みましょう
ㄷパッチム　ㄷ取って	-ㄹ읍시다	例	듣다 → 들읍시다　聞く／聞きましょう

144

会話編 **LESSON 14**
意向を尋ねる

練習❹ 〈보기〉のように文を作ってみましょう。 解答 P191

〈보기〉 영화를 보다 → 영화를 봅시다.
映画を見ましょう。

① 커피를 마시다 → _____.
コーヒーを飲みましょう。

② 꽃을 사다 → _____.
花を買いましょう。

③ 요리를 만들다 → _____.
料理を作りましょう。

④ 음악을 듣다 → _____.
音楽を聞きましょう。

理由 〜なんですよ - 거든요

例 가다 → 가거든요
行く　　行くんですよ

춥다 → 춥거든요
寒い　　寒いんですよ

練習❺ 〈보기〉のように文を作ってみましょう。 解答 P191

〈보기〉 오늘 오다 → 오늘 오거든요.
今日来るんですよ。

① 배고프다 → _____.
お腹がすいたんですよ。

② 배가 안 고프다 → _____.
お腹がすいていないんですよ。

③ 덥다 → _____.
暑いんですよ。

④ 약속이 있다 → _____.
約束があるんですよ。

⑤ 시간이 없다 → _____.
時間がないんですよ。

⑥ 벌써 먹었다 → _____.
すでに食べたんですよ。

145

> 「〜してもらえませんか」
> に入れ替えられる場合。

> **依頼** 〜してください   - 아/어 주세요
>
> 해요체의 요를 取って 주세요를 付ける。
>
> 例 가다 → 가 주세요
>   行く   行ってください
>   보다 → 봐 주세요
>   見る   見てください

練習❻ 〈보기〉のように文を作ってみましょう。　解答 P191

〈보기〉 여기에 오다 → 여기에 와 주세요.
　　　　　　　　　　ここに来てください。

① 다시 한번 말씀하다 → _____.
　　　　　　　　　　　もう一度おっしゃってください。

② 천천히 말하다 → _____.
　　　　　　　　　ゆっくり話してください。

③ 여기에 쓰다 → _____.
　　　　　　　　ここに書いてください。

④ 다른 색으로 바꾸다 → _____.
　　　　　　　　　　　他の色に換えてください。

⑤ 여자 친구를 / 남자 친구를 소개하다
　→ _____.
　　彼女を／彼氏を紹介してください。

LESSON 14
ドリル1

日付　　　　　　　達成度
年　月　日　　☐ 😆 完璧!　☐ 😊 まあまあ　☐ 😕 もう少し

問題❶ 〈보기〉のように質問に「- 아 / 어요」で答えてみましょう。　日本語訳 P191

〈보기〉 점심에 뭐 먹을까요? → 비빔밥을 먹어요.
　　　　　　　　　　　　　　　ビビンバを食べましょう。

① 내일 어디에 갈까요? → _____.

② 내일 어디서 만날까요? → _____.

③ 주말에 뭐 할까요? → _____.

④ 친구 생일 선물은 뭐 할까요? → _____.

⑤ 크리스마스 때 뭐 먹을까요? → _____.

問題❷ 〈보기〉のように質問に「- ㅂ / 읍시다」で答えてみましょう。　日本語訳 P191

〈보기〉 점심에 뭐 먹을까요? → 냉면을 먹읍시다.
　　　　　　　　　　　　　　　冷麺を食べましょう。

① 토요일에 어디에 갈까요? → _____.

② 일요일에 뭐 할까요? → _____.

③ 주말에 무슨 영화 볼까요? → _____.

④ 여행은 어디로 갈까요? → _____.

⑤ 생일 파티 때 무슨 요리를 만들까요? → _____.

147

問題❸ 〈보기〉のように質問に答えてみましょう。　解答・日本語訳 P192

〈보기〉 점심 같이 먹을까요? → 네. 좋아요. 같이 먹어요.
　　　　　　　　　　　　　　　はい。いいですよ。一緒に食べましょう。

① 오늘 같이 공부할까요?
　→ 네. 좋아요. _____.

② 내일 같이 영화 보러 갈까요?
　→ 네. 좋아요. _____.

③ 주말에 같이 여행 갈까요?
　→ 네. 좋아요. _____.

問題❹ 〈보기〉のように他人の誘いを「- 거든요」を使って断ってみましょう。
　　　　　　　　　　　　　　　　　　　　　　　　　　　　日本語訳 P192

〈보기〉 점심 같이 먹을까요?
　　　→ 미안해요. 배가 아프거든요.
　　　　　ごめんなさい。お腹が痛いんですよ。

① 내일 같이 등산하러 갈까요?
　→ 미안해요. _____.

② 오늘 같이 운동할까요?
　→ 미안해요. _____.

③ 저녁에 같이 한국 음식 먹으러 갈까요?
　→ 미안해요. _____.

④ 주말에 같이 여행 갈까요?
　→ 미안해요. _____.

LESSON 14
ドリル2

日付　　　　　達成度
年　月　日　　□ 😆 完璧!　□ 🙂 まあまあ　□ 😟 もう少し

問題❶　〈보기〉のようにイラストを見て文章を完成させてみましょう。　解答 P192

〈보기〉　우산을 빌려 주세요.

① _____ 아/어 주세요.

② _____ 아/어 주세요.

③ _____ 아/어 주세요.

④ _____ 아/어 주세요.

⑤ _____ 아/어 주세요.

⑥ _____ 아/어 주세요.

ヒント　봉투에 넣다 袋に入れる　사진을 찍다 写真を撮る　보이다 見せる
창문을 닫다 窓を閉める　가르치다 教える　문을 열다 ドアを開ける

149

LESSON 15
確認する、道を尋ねる

文法
- 確認　名詞＋でしょう？　-(이)죠?
- 確認　用言＋ますよね・ですよね？　-죠?
- 丁寧化の表現　〜です　-(이)요
- 命令　〜してください　-(으)세요

語彙 地名

日付　　年　月　日

達成度　□ 完璧！　□ まあまあ　□ もう少し

→「(이)지요」の縮約形

確認　名詞＋でしょう？	-이죠?	
直前の語にパッチム×	-죠?	例 가수죠? 歌手でしょう？
直前の語にパッチム○	-이죠?	例 선생님이죠? 先生でしょう？

練習❶　〈보기〉のように文を作ってみましょう。　解答 P192

〈보기〉 대학생 → 대학생이죠?
　　　　　　　　大学生でしょう？

① 한국 사람　→ _____?
　　　　　　　　韓国人でしょう？

② 시험이 내일　→ _____?
　　　　　　　　試験が明日でしょう？

③ 오늘이 생일　→ _____?
　　　　　　　　今日が誕生日でしょう？

④ 정말　→ _____?
　　　　　本当でしょう？

⑤ 농담　→ _____?
　　　　　冗談でしょう？

会話編 LESSON 15
確認する、道を尋ねる

確認 用言＋ますよね・ですよね・でしょう？　-죠?

例 보다 → 보죠?
　　見る　　見るでしょう？

덥다 → 덥죠?
暑い　　暑いでしょう？

練習❷ 〈보기〉のように文を作ってみましょう。　解答 P192

〈보기〉 한국에 가다 → 한국에 가죠?
　　　　　　　　　　　韓国に行くでしょう？

① 김치는 좀 맵다　→ _____?
　　　　　　　　　　キムチは少し辛いでしょう？

② 남자 친구가 있다　→ _____?
　　　　　　　　　　　彼氏がいるでしょう？

③ 지금 눈이 오다　→ _____?
　　　　　　　　　　今、雪が降っているでしょう？

④ 오늘 춥다　→ _____?
　　　　　　　今日、寒いでしょう？

⑤ 시간이 없다　→ _____?
　　　　　　　　時間がないでしょう？

⑥ 어제 술을 마셨다　→ _____?
　　　　　　　　　　　昨日、お酒を飲んだでしょう？

丁寧化の表現 ～です　-(이)요

直前の語にパッチム×　-요
直前の語にパッチム○　-이요

例 어디 가요?
　　どこに行きますか？

→ 경주요 (경주에 가요).
　慶州です(慶州に行きます)。

→ 부산이요 (부산에 가요).
　釜山です(釜山に行きます)。

質問と重複する内容を省略する代わりに「-(이)요」を付けることによって丁寧な表現になる。

151

練習❸ 〈보기〉のように文を作ってみましょう。　解答・日本語訳 P192

〈보기〉 어디 가요? (명동　明洞) → 명동이요.
　　　　　　　　　　　　　　　　　　　明洞です(明洞に行きます)。

① 학교에 뭐 타고 와요? (버스)
　→ _____.

② 회사에 뭐 타고 가요? (전철)
　→ _____.

③ 무슨 역에서 타요? (강남역　江南駅)
　→ _____.

④ 무슨 역에서 갈아타요? (교대역　教大駅)
　→ _____.

⑤ 무슨 역에서 내려요? (압구정역　狎鴎亭駅)
　→ _____.

命令 ～してください　-으세요		
語幹にパッチム× 　-세요	例	가다 → 가세요　行く／行ってください
語幹にパッチム○ 　-으세요	例	읽다 → 읽으세요　読む／読んでください
ㄹパッチム　ㄹ取って -세요	例	살다 → 사세요　住む／住んでください
ㄷパッチム　ㄷ取って -ㄹ으세요	例	듣다 → 들으세요　聞く／聞いてください

会話編 **LESSON 15**
確認する、道を尋ねる

練習❹ 〈보기〉のように文を作ってみましょう。 解答 P192

〈보기〉 이것을 보다 → 이것을 보세요.
　　　　　　　　　　　これを見てください。

① 여기서 길을 건너다 → _____.
　　　　　　　　　　　　ここで道を渡ってください。

② 횡단보도를 건너다 → _____.
　　　　　　　　　　　　横断歩道を渡ってください。

③ 쭉 가다 → _____.
　　　　　　まっすぐ行ってください。

④ 왼쪽으로 가다 → _____.
　　　　　　　　　左に行ってください。

⑤ 손을 씻다 → _____.
　　　　　　　手を洗ってください。

⑥ 조용히 하다 → _____.
　　　　　　　　静かにしてください。

⑦ 열심히 하다 → _____.
　　　　　　　　一生懸命にやってください。

「먹다 食べる／마시다 飲む」は「드세요 召し上がってください」。
「자다 寝る」は「주무세요 お休みになってください」。

LESSON 15
ドリル1

問題❶ 〈보기〉のように質問に「네」または「아뇨」で答えてみましょう。

解答・日本語訳 P193

〈보기〉 한국 사람이죠 ?
　　　→ 네 . 한국 사람이에요 .
　　　→ 아뇨 . 한국 사람이 아니에요 . 일본 사람이에요 .

① 한국어는 재미있죠 ?
　　→ 네 . ＿＿＿＿＿＿＿＿＿＿＿＿＿＿＿＿＿＿ .
　　→ 아뇨 . ＿＿＿＿＿＿＿＿＿＿＿＿＿＿＿＿＿ .

② 불고기는 맛있죠 ?
　　→ 네 . ＿＿＿＿＿＿＿＿＿＿＿＿＿＿＿＿＿＿ .
　　→ 아뇨 . ＿＿＿＿＿＿＿＿＿＿＿＿＿＿＿＿＿ .

③ 오늘 날씨가 좋죠 ?
　　→ 네 . ＿＿＿＿＿＿＿＿＿＿＿＿＿＿＿＿＿＿ .
　　→ 아뇨 . ＿＿＿＿＿＿＿＿＿＿＿＿＿＿＿＿＿ .

④ 여자 친구가 (남자친구가) 있죠 ?
　　→ 네 . ＿＿＿＿＿＿＿＿＿＿＿＿＿＿＿＿＿＿ .
　　→ 아뇨 . ＿＿＿＿＿＿＿＿＿＿＿＿＿＿＿＿＿ .

⑤ 김치는 맵죠 ?
　　→ 네 . ＿＿＿＿＿＿＿＿＿＿＿＿＿＿＿＿＿＿ .
　　→ 아뇨 . ＿＿＿＿＿＿＿＿＿＿＿＿＿＿＿＿＿ .

ヒント　불고기 焼肉

問題❷ 〈보기〉のように質問に「-(이)요」で答えてみましょう。　日本語訳 P193

〈보기〉 지금 어디 가요 ? → 서점이요.

① 오늘 어디 가요 ?
　→ _____.

② 저녁에 뭐 먹을 거예요 ?
　→ _____.

③ 지금 뭐 해요 ?
　→ _____.

④ 요즘 무슨 공부해요 ?
　→ _____.

⑤ 학교에 뭐 타고 와요 ?
　→ _____.

⑥ 노래 중에서 뭐가 좋아요 ?
　→ _____.

⑦ 음식 중에서 뭐가 좋아요 ?
　→ _____.

会話編

LESSON 15
ドリル2

日付　　年　　月　　日

達成度　□😊完璧!　□🙂まあまあ　□☹もう少し

問題❶　次の路線図を見て、〈보기〉のように「-(이)요」で答えてみましょう。

解答・日本語訳 P193

〈보기〉창덕궁에 가고 싶어요. 어디서 내려요?
→ 종로3가역이요.

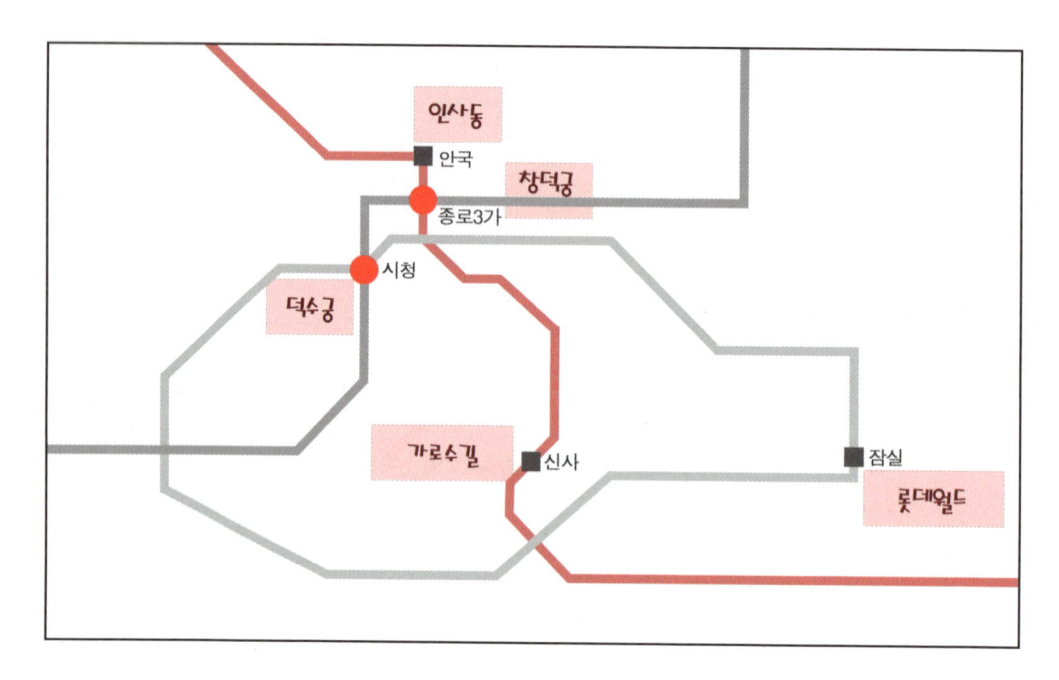

```
인사동
  ■안국
     창덕궁
  ●종로3가
  ●시청
덕수궁
     가로수길
        ■신사       ■잠실
                      롯데월드
```

① 덕수궁에 가고 싶어요. 어디서 내려요?
→ _____.

② 인사동에 가고 싶어요. 어디서 내려요?
→ _____.

③ 롯데월드에 가고 싶어요. 어디서 내려요?
→ _____.

④ 가로수길에 가고 싶어요. 어디서 내려요?
→ _____.

156

問題❷ 저는 지금 여의도에 있어요. 다음 노선도를 보고, 〈보기〉와 같이 「-(으)세요」로 설명해 봅시다. 解答・日本語訳 P194

〈보기〉 덕수궁에 어떻게 가요?
→ <u>먼저 5 호선을 타세요.</u>
<u>그리고 충정로역에서 2 호선으로 갈아타세요.</u>
<u>그리고 시청역에서 내리세요.</u>

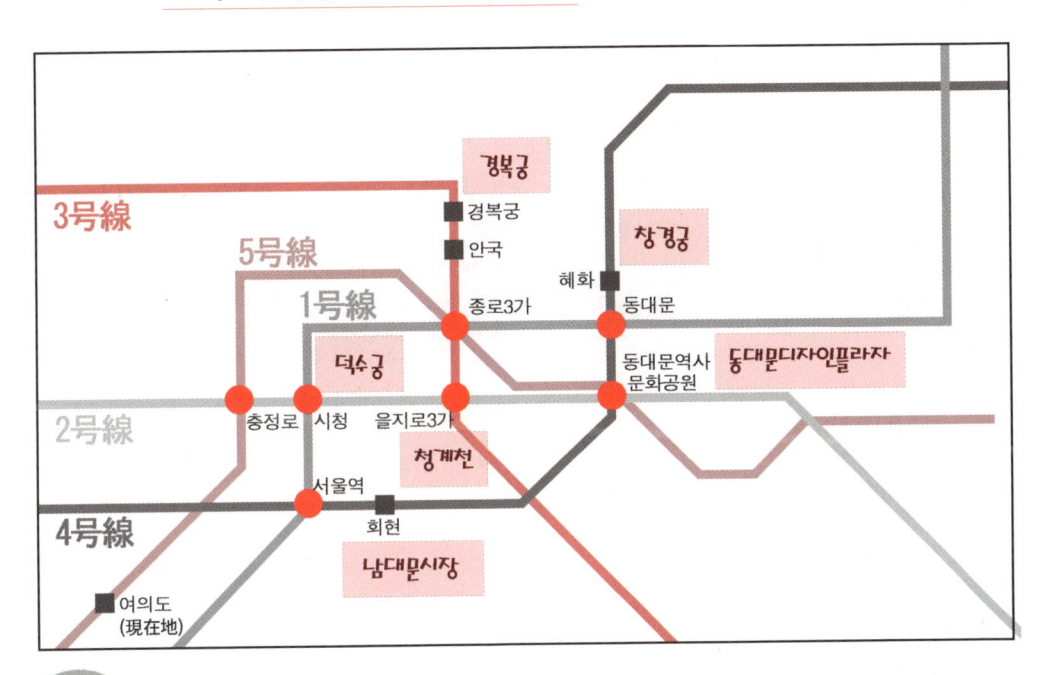

> ヒント 먼저 まず 호선 号線 그리고 それから、そして

① 창경궁에 어떻게 가요?
→ _____.

② 남대문 시장에 어떻게 가요?
→ _____.

③ 청계천에 어떻게 가요?
→ _____.

④ 경복궁에 어떻게 가요?
→ _____.

会話編

LESSON 16
尊敬表現を使って尋ねる、理由を尋ねる

文法
敬語　名詞＋でいらっしゃいます(か)　-(이)세요
敬語　用言＋なさいます(か)　-(으)세요
特別敬語
理由　〜からです　-아/어서요
理由　〜して、〜くて　-아/어서

語彙　日課
韓国語を習う理由

日付　　年　月　日
達成度　□ 😎 完璧！　□ 🙂 まあまあ　□ 😟 もう少し

敬語　名詞＋でいらっしゃいます(か)　-(이)세요

直前の語にパッチム×　- 세요　　例　가(수)세요
歌手でいらっしゃいます

直前の語にパッチム○　- 이세요　　例　선생(님)이세요
先生でいらっしゃいます

「(이)세요」は相手に対して敬意を表す。初対面の人や目上の人によく使う。

練習❶　〈보기〉のように文を作ってみましょう。　解答 P194

〈보기〉 일본 분 → 일본 분이세요？
日本の方でいらっしゃいますか？

① 몇 분　→ ＿＿＿＿＿＿＿＿＿＿＿＿＿＿？
何名様でいらっしゃいますか？

② 사토 씨　→ ＿＿＿＿＿＿＿＿＿＿＿＿＿＿？
佐藤さんでいらっしゃいますか？

③ 김 선생님　→ ＿＿＿＿＿＿＿＿＿＿＿＿＿＿？
金先生でいらっしゃいますか？

④ 부모님　→ ＿＿＿＿＿＿＿＿＿＿＿＿＿＿？
ご両親でいらっしゃいますか？

158

会話編 **LESSON 16**

尊敬表現を使って尋ねる、理由を尋ねる

敬語 用言＋なさいます（か）	-(으)세요		
語幹にパッチム×	- 세요	例 가다 → 가세요	行く / 行かれます
語幹にパッチム○	- 으세요	例 읽다 → 읽으세요	読む / お読みになります
ㄹパッチム ㄹ取って	- 세요	例 살다 → 사세요	住む / 住んでいらっしゃいます
ㄷパッチム ㄷ取って	- ㄹ으세요	例 듣다 → 들으세요	聞く / お聞きになります

練習❷ 〈보기〉のように疑問文を作ってみましょう。　解答 P194

〈보기〉 어디 가다 → <u>어디 가세요?</u>
　　　　　　　　　どこに行かれますか？

① 언제 오다 → _____?
　　　　　　　　いついらっしゃいますか？

② 왜 안 오다 → _____?
　　　　　　　　なぜいらっしゃらないんですか？

③ 어디 살다 → _____?
　　　　　　　　どこに住んでいらっしゃいますか？

④ 어떻게 만들다 → _____?
　　　　　　　　どのようにお作りになりますか？

⑤ 몇 시에 일어나다 → _____?
　　　　　　　　何時にお起きになりますか？

⑥ 어떤 음악을 듣다 → _____?
　　　　　　　　どんな音楽をお聞きになりますか？

特別敬語

例 자다 → 자세요(×) / 주무세요(○)
　　寝る　　　　　　　　　　お休みになります

　　먹다 → 먹으세요(×) / 드세요(○)
　　食べる　　　　　　　　　　召し上がります

　　마시다 → 마시세요(○) / 드세요(○)
　　飲む　　　　　　　　　　　　お飲みになります

>「마시세요」より「드세요」の方が丁寧。

練習❸　〈보기〉のように疑問文を作ってみましょう。　解答 P194

〈보기〉 언제 가다 → 언제 가세요?
　　　　　　　　　　　いつ行かれますか？

① 몇 시에 자다 → _____?
　　　　　　　　　何時にお休みになりますか？

② 아침에 뭐 마시다 → _____?
　　　　　　　　　　　朝、何をお飲みになりますか？

③ 저녁에 뭐 먹다 → _____?
　　　　　　　　　　夜、何を召し上がりますか？

理由 〜して、〜くて　-아/어서

해요체의 요를 取って 서をつける。

例 가다 → 가요 → 가서
　　行く　　行きます　行って

　　먹다 → 먹어요 → 먹어서
　　食べる　食べます　食べて

　　춥다 → 추워요 → 추워서
　　寒い　　寒いです　寒くて

>「-아/어서」は現在形のみ。
>「-았/었어서(×)」とは言わない。

練習❹　〈보기〉のように文を作ってみましょう。　解答 P194

〈보기〉 K-POP을 좋아하다 / 한국어를 배우다
　　　　→ K-POP을 좋아해서 한국어를 배워요.
　　　　　　K-POPが好きで韓国語を習います。

① 시간이 없다 / 밥을 안 먹다 → _____.
　　　　　　　　　　　　　　　時間がないから、ご飯を食べません。

② 시험이 있다 / 공부하다 → _____.
　　　　　　　　　　　　　試験があるから、勉強します。

③ 덥다 / 문을 열다 → _____.
　　　　　　　　　　暑いから窓を開けます

④ 맵다 / 물을 마시다 → _____.
　　　　　　　　　　　辛いから水を飲みます。

会話編 **LESSON 16**
尊敬表現を使って尋ねる、理由を尋ねる

| 理由 | ～からです | -아/어서요 |

「-아/어서」に丁寧化の表現요を付ける。

例
가다 → 가서 → 가서요
行く　行って　行ったからです

먹다 → 먹어서 → 먹어서요
食べる　食べて　食べたからです

춥다 → 추워서 → 추워서요
寒い　寒くて　寒いからです

練習❺ 왜 한국어를 배우세요? 〈보기〉のように「-아/어서요」で答えてみましょう。

解答 P194

〈보기〉 K-POP 을 좋아하다 → K-POP 을 좋아해서요.
K-POP が好きだからです。

① 한국 드라마를 좋아하다 → _____.
韓国ドラマが好きだからです。

② 한국 문화를 좋아하다 → _____.
韓国文化が好きだからです。

③ 혼자 한국 여행을 하고 싶다
→ _____.
一人で韓国旅行がしたいからです。

④ 한국 드라마를 자막 없이 보고 싶다
→ _____.
韓国ドラマを字幕なしで見たいからです。

⑤ 한국 친구가 있다
→ _____.
韓国人の友達がいるからです。

⑥ 남자 친구하고 한국말로 말하고 싶다
→ _____.
彼氏と韓国語で話したいからです。

⑦
→ _____.

161

会話編

LESSON 16
ドリル1

日付　　年　月　日

達成度　☐ 😊完璧!　☐ 🙂まあまあ　☐ 😐もう少し

問題❶　〈보기〉のように質問に「네」または「아뇨」で答えてみましょう。

解答・日本語訳 P195

〈보기〉 한국 분이세요?
　　→ 네. 한국 사람이에요.
　　→ 아뇨. 한국 사람이 아니에요. 일본 사람이에요.

① 일본 분이세요?
　→ 네. ＿＿＿＿＿＿＿＿＿＿＿＿＿＿＿＿＿＿＿＿＿＿.
　→ 아뇨. ＿＿＿＿＿＿＿＿＿＿＿＿＿＿＿＿＿＿＿＿＿＿.

② 대학생이세요?
　→ 네. ＿＿＿＿＿＿＿＿＿＿＿＿＿＿＿＿＿＿＿＿＿＿.
　→ 아뇨. ＿＿＿＿＿＿＿＿＿＿＿＿＿＿＿＿＿＿＿＿＿＿.

③ 주부세요?
　→ 네. ＿＿＿＿＿＿＿＿＿＿＿＿＿＿＿＿＿＿＿＿＿＿.
　→ 아뇨. ＿＿＿＿＿＿＿＿＿＿＿＿＿＿＿＿＿＿＿＿＿＿.

④ 유학생이세요?
　→ 네. ＿＿＿＿＿＿＿＿＿＿＿＿＿＿＿＿＿＿＿＿＿＿.
　→ 아뇨. ＿＿＿＿＿＿＿＿＿＿＿＿＿＿＿＿＿＿＿＿＿＿.

💬 ヒント　유학생 留学生

問題❷ 〈보기〉のように質問に答えてみましょう。　日本語訳 P195

〈보기〉 어디 가세요 ? → 집에 가요.

① 한국어는 재미있으세요 ? → _____.

② 가족하고 같이 사세요 ? → _____.

③ K-POP 을 들으세요 ? → _____.

④ 한국 드라마를 보세요 ? → _____.

⑤ 매일 신문을 보세요 ? → _____.

⑥ 몇 시에 일어나세요 ? → _____.

⑦ 몇 시에 주무세요 ? → _____.

⑧ 매일 커피를 드세요 ? → _____.

> **ヒント** 가족 家族　혼자 살다 一人で住む　매일 毎日

問題❸ 次の質問に答えてみましょう。　日本語訳 P195

① 성함이 어떻게 되세요 ?
→ _____.

② 직업이 어떻게 되세요 ?
→ _____.

③ 나이가 어떻게 되세요 ?
→ _____.

④ 메일 어드레스가 어떻게 되세요 ?
→ _____.

⑤ 주소가 어떻게 되세요 ?
→ _____.

⑥ 전화 번호가 어떻게 되세요 ?
→ _____.

会話編

LESSON 16
ドリル2

日付　　年　月　日

達成度　□ 😄 完璧!　□ 🙂 まあまあ　□ 😟 もう少し

問題 ❶　あなたはスーパースターです。初めて韓国を訪問しました。次のインタビューに答えてみましょう。　日本語訳 P195

あなたの名前	
あなたの国籍	
あなたの職業	

<table>
<tr><th colspan="2">インタビュー内容</th></tr>
<tr><th>質問</th><th>答え</th></tr>
<tr><td>① 한국을 좋아하세요?</td><td></td></tr>
<tr><td>② 한국에서 어디에 가고 싶으세요?</td><td></td></tr>
<tr><td>③ 무슨 음식을 제일 좋아하세요?</td><td></td></tr>
<tr><td>④ 어떤 사람이 이상형이세요?</td><td></td></tr>
<tr><td>⑤ 한국에서 무엇을 하고 싶으세요?</td><td></td></tr>
</table>

ヒント　이상형 理想のタイプ　국적 国籍

会話編 LESSON 16
ドリル 2

問題❷ あなたは芸能記者です。来日した好きなスターにインタビューをすることになりました。ただし、5つの質問しかできません。何が聞きたいですか？

来日したスターの名前	
職業	
国籍	

インタビュー内容	
質問	答え
①	
②	
③	
④	
⑤	

文字編 解答

LESSON 6 解答
p.017
練習❸ ①ㄴ、ㅏ、× ②ㅇ、ㅏ、ㄴ ③ㄴ、ㅜ、ㄴ ④ㅇ、ㅕ、ㄴ
練習❹ ①이 ②무 ③양 ④몸

LESSON 7 解答
p.021
練習❸ ①ㅁ、ㅜ、ㄹ ②ㄹ、ㅜ、ㄹ
練習❹ ①레 ②라 ③말

LESSON 8 解答
p.024
練習❸ ①ㄱ、ㅐ、× ②ㄲ、ㅐ、× ③ㄱ、ㅗ、ㄱ ④ㄲ、ㅗ、ㄱ
練習❹ ①구 ②코 ③약 ④콩

LESSON 9 解答
p.028
練習❸ ①ㅂ、ㅏ、ㅂ ②ㅃ、ㅏ、ㅇ ③ㅇ、ㅕ、ㅍ ④ㅃ、ㅜ、ㄹ
練習❹ ①보 ②뼈 ③방 ④백

LESSON 10 解答
p.032
練習❸ ①ㄷ、ㅓ、× ②ㄷ、ㅟ、× ③ㄷ、ㅗ、ㄴ ④ㄸ、ㅏ、ㄹ
練習❹ ①도 ②티 ③또 ④떡

LESSON 11 解答
p.036
練習❸ ①ㅈ、ㅔ、× ②ㅊ、ㅓ、ㄴ ③ㄴ、ㅏ、ㅈ ④ㄲ、ㅗ、ㅊ
練習❹ ①자 ②차 ③칠 ④빛

LESSON 12 解答
p.040
練習❸ ①ㅅ、ㅐ、× ②ㅅ、ㅣ、ㅂ ③ㄴ、ㅏ、ㅅ ④ㅅ、ㅟ、ㄴ
練習❹ ①시 ②해 ③옷 ④술

166

会話編 解答・日本語訳

LESSON 1

p.048
練習❶　①가　②이　③이　④가
練習❷　①는　②는　③은　④은

p.049
練習❸　①이에요　②예요　③예요　④이에요
練習❹　①뭐　②뭐예요
練習❺　①이 아니에요　②가 아니에요　③이 아니에요　④이 아니에요

LESSON 1　ドリル1

p.050
問題❶
①名前は何ですか？
②趣味は何ですか？
③職業は何ですか？
④血液型は何ですか？

問題❷
①家はどこですか？
②故郷はどこですか？
③学校はどこですか？
④会社はどこですか？

問題❸
①どこの国の人ですか？
②どこの国から来ましたか？

問題❹
①大学生ですか？→はい。**대학생이에요**／いいえ。**대학생이 아니에요**
②歌手ですか？→はい。**가수예요**／いいえ。**가수가 아니에요**
③警察ですか？→はい。**경찰이에요**／いいえ。**경찰이 아니에요**
④先生ですか？→はい。**선생님이에요**／いいえ。**선생님이 아니에요**

LESSON 1　ドリル2
p.051
問題❶

初めまして。私は韓国人です。日本に住んでいます。家は新宿です。大学に通っています。私の趣味は料理です。血液型はＯ型です。好きな歌手は少女時代です。好きな国は日本です。よろしくお願いいたします。

①職業は何ですか？→**대학생이에요**
②趣味は何ですか？→**요리예요**
③日本人ですか？→**아니요 . 일본 사람이 아니에요 . 한국 사람이에요**
④家はどこですか？→**집은 신주쿠예요**

問題❷
私の好きな人は＿＿＿＿です。＿＿＿＿です。＿＿＿＿人です。趣味は＿＿＿＿です。血液型は＿＿＿＿型です。

LESSON 2
p.053
練習❶　①있어요　②있어요　③없어요　④없어요
練習❷　①도　②도　③도　④도
練習❸　①하고　②하고　③하고　④하고

p.054
練習❹　①에　②에　③에　④에

LESSON 2　ドリル1
p.055
問題❶
①お兄さんがいますか？
②お姉さんがいますか？
③弟はいますか？
④妹はいますか？

問題❷
①家族構成は何ですか？
②兄弟はいますか？

問題❸
①今日、約束がありますか？
②今日、時間がありますか？

168

③水がありますか？
④傘がないですか？

問題❹
①学校にコンビニ（売店）がありますか？→**편의점이 있어요／편의점이 없어요**
②学校の近くに駅がありますか？→**역이 있어요／역이 없어요**
③部屋に何がありますか？→_____と_____があります。
④教室に何がありますか？→_____と_____があります。

LESSON 2　ドリル2
p.056

問題❶

私の家族は5人です。父と母と姉と弟と私です。兄はいません。父は銀行員です。父の趣味は釣りです。母は教師です。趣味は読書です。姉と私は大学生です。弟は高校生です。弟と私の趣味はゲームです。姉の趣味はショッピングです。

①家族は誰がいますか？→**아버지하고 어머니하고 누나하고 남동생이 있어요**
②兄弟の構成は何ですか？→**누나하고 남동생이 있어요**
③女ですか、男ですか？→**남자예요**
④お母さんの趣味は何ですか？→**어머니 취미는 독서예요**
⑤高校生ですか？→**아니요 . 고등학생이 아니에요 . 대학생이에요**

LESSON 3
p.058

練習❶　①어디　②어디예요　③어디에 있어요
練習❷　①여기　②거기　③저기
練習❸　①앞　②뒤　③옆　④위　⑤아래／밑　⑥오른쪽　⑦왼쪽　⑧안　⑨밖　⑩사이
練習❹　①집 근처　②학교 앞　③회사 옆　④카페 위　⑤의자 위　⑥책상 아래　⑦가방 안
　　　　⑧의자 아래（밑）　⑨냉장고 안　⑩학교 뒤

LESSON 3　ドリル1
p.060

問題❶
〈例〉ディズニーランドはどこにありますか？→千葉にあります。
①清水寺はどこにありますか？
②〜はどこにありますか？
③〜はどこにありますか？
④〜はどこにありますか？

169

問題❷
①美容室はどこにありますか？→**미용실은 서점 위에 있어요**
②売店はどこにありますか？→**편의점은 역하고 은행 사이에 있어요**
③郵便局はどこにありますか？→**우체국은 은행 뒤에 있어요**
④デパートはどこにありますか？→**백화점은 역 앞에 있어요**
⑤〜はどこにありますか？
⑥〜はどこにありますか？

p.061
問題❸
①机の上に何がありますか？→**책상 위에 안경하고 컴퓨터가 있어요**
②鞄の中に何がありますか？→**가방 안에 손수건하고 지갑이 있어요**
③猫はどこにいますか？→**고양이는 의자 아래（밑）에 있어요**
④本はどこにありますか？→**책은 모자 옆에 있어요／책은 침대 위에 있어요**
⑤〜に何がありますか？
⑥〜はどこにありますか？

LESSON 4
p.064
練習❶　①이　②그　③저　④이것　⑤그것　⑥저것　⑦이건（이것은）　⑧그건（그것은）
　　　　⑨저건（저것은）　⑩이게（이것이）　⑪그게（그것이）　⑫저게（저것이）
練習❷　①한국어로（한국말로）　②일본어로（일본말로）　③중국어로（중국말로）　④영어로

p.065
練習❸　①이라고 해요　②라고 해요　③라고 해요　④이라고 해요
練習❹　①누구　②누구예요
練習❺　①누구 거　②친구 거　③어머니 거　④여동생 거

LESSON 4　ドリル1
p.066
問題❶　①이건（이게）뭐예요　②그건（그게）뭐예요　③저건（저게）뭐예요
　　　　④이건（이것은）책이에요　⑤그건（그것은）모자예요　⑥저건（저것은）시계예요
問題❷
①이건 한국어로 뭐라고 해요
②그건 일본어로 뭐라고 해요
③이건 한국어로「지우개」라고 해요
④그건 한국어로「꽃」이라고 해요

会話編解答・日本語訳

問題❸
①이 사전은 누구 거예요
②그 가방은 누구 거예요
③저 책은 누구 거예요
④이건 제 거예요
⑤그 잡지는 친구 거예요
問題❹　①뭐 드릴까요　②이거 주세요　③그거 주세요　④저거 주세요

LESSON 4　ドリル2

p.067

問題❶
　　①〈例〉これは何ですか？→それはパックです。
(1)　②이게 뭐예요 →그건 비누예요
(2)　③그게 뭐예요→이건 열쇠고리예요
(3)　④그게 뭐예요→이건 손수건이에요
(4)　⑤그게 뭐예요→이건 지갑이에요
(5)　⑥저게 뭐예요→저건 장갑이에요
(6)　⑦저게 뭐예요→저건 모자예요

p.068
問題❷
〈例1〉「ラーメン」は韓国語で何と言いますか？→「**라면**」と言います。
〈例2〉「**비누**」は日本語で何と言いますか？→「石鹸」と言います。

LESSON 5

p.069

練習❶　①언제　②언제예요　③얼마　④얼마예요？
練習❷　漢数詞

0	1	2	3	4	5	6	7	8	9
공 / 영	일	이	삼	사	오	육	칠	팔	구
10	11	12	13	14	15	16	17	18	19
십	십일	십이	십삼	십사	십오	십육	십칠	십팔	십구
20	30	40	50	60	70	80	90		
이십	삼십	사십	오십	육십	칠십	팔십	구십		

171

p.069

100	1000	10,000	100,000	1,000,000
백	천	만	십만	백만
200	3000	50,000	700,000	4,000,000
이백	삼천	오만	칠십만	사백만

p.070

1月	2月	3月
일월	이월	삼월
4月	5月	6月
사월	오월	유월
7月	8月	9月
칠월	팔월	구월
10月	11月	12月
시월	십일월	십이월

1日	2日	3日	4日	5日
일일	이일	삼일	사일	오일
6日	7日	8日	9日	10日
육일	칠일	팔일	구일	십일
11日	15日	20日	30日	31日
십일일	십오일	이십일	삼십일	삼십일일

練習❸　①이천십오 년　②시월 이십구 일　③삼 학년　④팔 과　⑤칠십육 페이지　⑥사 층

練習❹

ひとつ	ふたつ	みっつ	よっつ	いつつ	むっつ	ななつ	やっつ	ここのつ	とお
하나	둘	셋	넷	다섯	여섯	일곱	여덟	아홉	열
20	30	40	50	60	70	80	90		
스물	서른	마흔	쉰	예순	일흔	아흔	여든		

p.071

1個	2個	3個	4個
한 개	두 개	세 개	네 개
5個	6個	7個	8個
다섯 개	여섯 개	일곱 개	여덟 개
9個	10個	11個	12個
아홉 개	열 개	열한 개	열두 개
13個	14個	16個	20個
열세 개	열네 개	열여섯 개	스무 개

20歳	21歳	22歳	23歳
스무 살	스물한 살	스물두 살	스물세 살
24歳	25歳	30歳	40歳
스물네 살	스물다섯 살	서른 살	마흔 살
50歳	60歳	70歳	80歳
쉰 살	예순 살	일흔 살	여든 살
90歳	100歳		
아흔 살	백살		

練習❺　①일곱 권　②서른두 살　③아홉 장　④열한 시　⑤두 마리　⑥네 시간
練習❻　①몇 년생　②몇 살　③몇 명

LESSON 5　ドリル1

p.072

問題❶　①세　②다섯　③네　④아홉　⑤한　⑥두　⑦다섯

問題❷
(1)　①칠천팔백　②사만 육천이백　③십오만 삼천구백
(2)　①공팔공 – 일이공구 – 팔이팔이예요　②공삼 – 이구팔일 – 구구이사예요
　　 ③공이 – 삼팔이구 – 이구일이예요

p.073

問題❸
①誕生日はいつですか？
②クリスマスはいつですか？→**십이월 이십오일이에요**
③ハングルの日はいつですか？→**시월 구일이에요**
④昭和の日はいつですか？→**사월 이십구일이에요**
⑤文化の日はいつですか？→**십일월 삼일이에요**

問題❹
①何年生まれですか？
②何歳ですか？
③何学年ですか？
④韓国語の授業は何限ですか？
⑤何人家族ですか？

LESSON 5　ドリル2

p.074

問題❶

私の誕生日は ①9月15日です。秋です。
私は ②85年生まれです。③30歳です。
私の好きな歌手はBIGBANGです。メンバーはG-Dragon、TOP、太陽、大聲、勝利です。全部で5名です。
G-Dragonの誕生日は ④8月18日です。⑤26歳です。TOPの誕生日は ⑥11月4日です。⑦27歳です。

(1)　①구월 십오일　②팔십오 년생　③서른 살　④팔월 십팔일　⑤스물여섯 살
　　⑥십일월 사일　⑦스물일곱 살

(2)　다섯

p.076

問題❸

(1)　誰を何人招待しますか？
(2)　何を買いますか？
(3)　何の料理を作りますか？

LESSON 6

p.077

練習❶　①에서　②에서　③에서　④에서
練習❷　①를　②을　③을　④을

p.078

練習❸

基本形	意味	-아/어요	基本形	意味	-아/어요
살다	住む	살아요	놀다	遊ぶ	놀아요
먹다	食べる	먹어요	읽다	読む	읽어요
알다	知る、わかる	알아요	받다	受ける	받아요
앉다	座る	앉아요	괜찮다	大丈夫だ	괜찮아요
열다	開ける	열어요	닫다	閉める	닫아요
울다	泣く	울어요	웃다	笑う	웃어요
입다	着る	입어요	벗다	脱ぐ	벗어요
있다	いる、ある	있어요	없다	いない、ない	없어요
좋다	いい	좋아요	싫다	嫌だ	싫어요

p.079
練習❹

基本形	意味	-아/어요	基本形	意味	-아/어요
가다	行く	가요	사다	買う	사요
일어나다	起きる	일어나요	자다	寝る	자요
타다	乗る	타요	만나다	会う	만나요
서다	立つ	서요	오다	来る	와요
보다	見る	봐요	기다리다	待つ	기다려요
가르치다	教える	가르쳐요	다니다	通う	다녀요
헤어지다	別れる	헤어져요	주다	あげる、くれる	줘요
춤추다	踊る	춤춰요	보내다	送る	보내요
되다	なる	돼요 (되어요)	쉬다	休む	쉬어요

p.080
練習❺

基本形	意味	-아/어요	基本形	意味	-아/어요
공부하다	勉強する	공부해요	쇼핑하다	ショッピングする	쇼핑해요
청소하다	掃除する	청소해요	운동하다	運動する	운동해요
숙제하다	宿題する	숙제해요	일하다	働く	일해요
목욕하다	お風呂に入る	목욕해요	샤워하다	シャワーする	샤워해요
아르바이트하다	アルバイトする	아르바이트해요	요리하다	料理する	요리해요
세탁하다	洗濯する	세탁해요	여행하다	旅行する	여행해요
좋아하다	好きだ	좋아해요	싫어하다	嫌いだ	싫어해요
편하다	楽だ	편해요	불편하다	不便だ	불편해요
유명하다	有名だ	유명해요	조용하다	静かだ	조용해요

練習❻

基本形	意味	-아/어요	基本形	意味	-아/어요
듣다	聞く	들어요	걷다	歩く	걸어요
묻다	尋ねる	물어요	싣다	載せる	실어요

p.081
練習❼

基本形	意味	- 아 / 어요	- 았 / 었어요
모르다	分からない、知らない	몰라요	몰랐어요
다르다	違う	달라요	달랐어요
부르다	呼ぶ	불러요	불렀어요

練習❽ ①안 봐요 ②안 먹어요 ③안 놀아요 ④안 마셔요 ⑤안 읽어요 ⑥안 조용해요 ⑦안 유명해요

p.082
練習❾ ①공부 안 해요 ②숙제 안 해요 ③운동 안 해요 ④요리 안 해요 ⑤일 안 해요

LESSON 6　ドリル1

p.083
問題❶
①どこに住んでいますか？
②どこで遊びますか？
③朝何を飲みますか？
④お昼に何を食べますか？

問題❷
①どこで勉強しますか？
②どこでショッピングをしますか？
③いつ掃除をしますか？
④いつ運動をしますか？

問題❸
①朝、ご飯を食べますか？→はい。**아침에 밥을 먹어요**／いいえ。**아침에 밥을 안 먹어요**
②毎日コーヒーを飲みますか？→はい。**매일 커피를 마셔요**／いいえ。**매일 커피를 안 마셔요**
③K-POPを聞きますか？→はい。**K-POP을 들어요**／いいえ。**K-POP을 안 들어요**
④毎日、料理をしますか？→はい。**매일 요리해요**／いいえ。**매일 요리 안 해요**
⑤アルバイトをしていますか？→はい。**아르바이트해요**／いいえ。**아르바이트 안 해요**

p.084
問題❹
①普段、週末に何をしますか？

②歌は何が好きですか？
③韓国料理は何が美味しいですか？

LESSON 6　ドリル2
p.085
問題❶

私は月曜日に友達に会います。一緒にお酒を飲みます。火曜日に学校でアルバイトをします。水曜日に友達と映画を見ます。木曜日に図書館で勉強します。金曜日には本を読みます。それから、掃除もします。　土曜日にはアルバイトをします。お酒は飲みません。日曜日には勉強します。早く寝ます。

①いつお酒を飲みますか？→**월요일에 술을 마셔요**
②いつ図書館で勉強をしますか？→**목요일에 도서관에서 공부해요**
③水曜日に何をしますか？→**수요일에 친구하고 영화를 봐요**
④勉強はいつしますか？→**목요일에 공부해요**
⑤アルバイトは何曜日ですか？→**화요일하고 토요일에 아르바이트를 해요**

p.087
問題❸
(1)　家
①ご飯を食べます。
② TV を見ます。
(2)　教室
①勉強します。
②掃除します。
(3)　図書館
①本を読みます。
②宿題をします。
(4)　カフェ
①友達に会います。
②コーヒーを飲みます。

LESSON 7
p.088
練習❶　①으로　②로　③로　④으로

177

p.089

1時	2時	3時
한 시	두 시	세 시
4時	5時	6時
네 시	다섯 시	여섯 시
7時	8時	9時
일곱 시	여덟 시	아홉 시
10時	11時	12時
열 시	열한 시	열두 시

1分	2分	3分
일 분	이 분	삼 분
4分	5分	10分
사 분	오 분	십 분
15分	20分	30分
십오 분	이십 분	삼십 분
40分	50分	60分
사십 분	오십 분	육십 분

練習❷ ①두 시 십오 분 ②다섯 시 사십 분 ③열한 시 반 ④세 시 이십일 분
　　　 ⑤열 시 오십육 분 ⑥아홉 시 삼십팔 분

p.090
練習❸ ①세 시부터 다섯 시까지 ②여섯 시부터 열두 시까지 ③아침부터 점심까지
　　　 ④오전부터 오후까지
練習❹ ①학교에서 집까지 ②집에서 회사까지 ③역에서 집까지 ④한국에서 일본까지

p.091
練習❺ ①집에서 역까지 얼마나 걸려요? ②자전거로 5분 걸려요.
　　　 ③여기에서 회사까지 얼마나 걸려요? ④전철로 한 시간 걸려요.

LESSON 7　ドリル1

p.092
問題❶
①今、何時ですか？
②授業は何時に始まりますか？
③授業は何時に終わりますか？
④普段、何時に起きますか？
⑤普段、何時に寝ますか？
⑥普段、何時に朝食を食べますか？
⑦普段、何時に昼食を食べますか？
⑧普段、何時に夕食を食べますか？
問題❷
①授業は何時から何時までですか？
②アルバイト（仕事）は何時から何時までですか？

178

③お昼時間は何時から何時までですか？
④9時のニュースは何時から何時までですか？

p.093

〈例〉家から学校までどのくらいかかりますか？（自転車／10分）
　　→自転車で10分かかります。

問題❸　①駅から家までどれぐらいかかりますか？→**자전거로 7 분 걸려요**
　　　　②家から会社までどれくらいかかりますか？→**전철로 45 분 걸려요**
　　　　③新宿から箱根までどれくらいかかりますか？→**로맨스카로 1 시간 25 분 걸려요**
　　　　④日本からハワイまでどれくらいかかりますか？→**비행기로 7 시간 걸려요**

LESSON 7　ドリル 2

p.094

問題❶

私は普段、朝①6時半に起きます。朝は②7時に食べます。それから、③7時半に会社に行きます。家から会社まで地下鉄で④1時間10分かかります。会社には通常⑤9時頃到着します。お昼は⑥12時40分に会社の食堂で食べます。仕事は⑦5時に終わります。家に⑧7時頃に帰ってきます。晩ご飯は⑨8時に食べます。それから、⑩11時に寝ます。

① <u>6 시 30 분</u>　② <u>7 시</u>　③ <u>7 시 30 분</u>　④ <u>1 시간 10 분</u>　⑤ <u>9 시</u>　⑥ <u>12 시 40 분</u>　⑦ <u>5 시</u>
⑧ <u>7 시</u>　⑨ <u>8 시</u>　⑩ <u>11 시</u>

LESSON 8

p.095

練習❶

基本形	意味	- 았 / 었어요	基本形	意味	- 았 / 었어요
살다	住む	살았어요	놀다	遊ぶ	놀았어요
먹다	食べる	먹었어요	읽다	読む	읽었어요
알다	知る、わかる	알았어요	받다	受ける	받았어요
앉다	座る	앉았어요	괜찮다	大丈夫だ	괜찮았어요
열다	開ける	열었어요	닫다	閉める	닫았어요
울다	泣く	울었어요	웃다	笑う	웃었어요
입다	着る	입었어요	벗다	脱ぐ	벗었어요
있다	いる、ある	있었어요	없다	いない、ない	없었어요
좋다	いい	좋았어요	싫다	嫌だ	싫었어요

p.096
練習❷

基本形	意味	- 았 / 었어요	基本形	意味	- 았 / 었어요
가다	行く	갔어요	사다	買う	샀어요
일어나다	起きる	일어났어요	자다	寝る	잤어요
타다	乗る	탔어요	만나다	会う	만났어요
서다	立つ	섰어요	오다	来る	왔어요
보다	見る	봤어요	기다리다	待つ	기다렸어요
가르치다	教える	가르쳤어요	다니다	通う	다녔어요
헤어지다	別れる	헤어졌어요	주다	あげる、くれる	줬어요
춤추다	踊る	춤췄어요	보내다	送る	보냈어요
되다	なる	됐어요 (되었어요)	쉬다	休む	쉬었어요

p.097
練習❸

基本形	意味	- 았 / 었어요	基本形	意味	- 았 / 었어요
공부하다	勉強する	공부했어요	쇼핑하다	ショッピングする	쇼핑했어요
청소하다	掃除する	청소했어요	운동하다	運動する	운동했어요
숙제하다	宿題する	숙제했어요	일하다	働く	일했어요
목욕하다	お風呂に入る	목욕했어요	샤워하다	シャワーする	샤워했어요
아르바이트하다	アルバイトする	아르바이트했어요	요리하다	料理する	요리했어요
세탁하다	洗濯する	세탁했어요	여행하다	旅行する	여행했어요
좋아하다	好きだ	좋아했어요	싫어하다	嫌いだ	싫어했어요
편하다	楽だ	편했어요	불편하다	不便だ	불편했어요
유명하다	有名だ	유명했어요	조용하다	静かだ	조용했어요

練習❹

基本形	意味	- 았 / 었어요	基本形	意味	- 았 / 었어요
듣다	聞く	들었어요	걷다	歩く	걸었어요
묻다	尋ねる	물었어요	싣다	載せる	실었어요

p.098
練習❺ ①안 봤어요　②안 먹었어요　③안 놀았어요　④안 마셨어요　⑤안 읽었어요
　　　　 ⑥안 조용했어요　⑦안 유명했어요

p.099
練習❻ ①공부 안 했어요　②숙제 안 했어요　③운동 안 했어요　④요리 안 했어요
　　　　 ⑤일 안 했어요

LESSON 8　ドリル1

p.100
問題❶
①子供の時、どこに住んでいましたか？
②朝、何を食べましたか？
③最近、何を読みましたか？
④誕生日の時、何をもらいましたか？
⑤エイプリルフールの時、何をしましたか？

問題❷
①昨日、どこに行きましたか？
②昨日、何時に寝ましたか？
③朝、何時に起きましたか？
④朝、何を飲みましたか？
⑤最近、何を買いましたか？
⑥最近、何の映画を観ましたか？

p.101
問題❸
①昨日、勉強しましたか？
②昨日、掃除しましたか？
③昨日、料理しましたか？
④最近、ショッピングをしましたか？
⑤最近、運動をしましたか？
⑥休みの時、旅行に行きましたか？

問題❹
①朝、ご飯を食べましたか？→はい。**아침에 밥을 먹었어요**／いいえ。**아침에 밥을 안 먹었어요**
②今日、コーヒーを飲みましたか？→
　　はい。**오늘 커피를 마셨어요오늘**　／いいえ。**커피를 안 마셨어요**
③韓国に住んでいましたか？→はい。**한국에 살았어요**／いいえ。**한국에 안 살았어요**

④昨日、宿題をしましたか？→はい。**어제 숙제했어요**／いいえ。**어제 숙제 안 했어요**
⑤週末に勉強しましたか？→はい。**주말에 공부했어요**／いいえ。**주말에 공부 안 했어요**

LESSON 9

p.103
練習❶ ①싸고 양이 많아요 ②멋있고 재미있어요 ③시원하고 좋아요
④비가 오고 추워요 ⑤바람이 불고 눈이 와요

p.104
練習❷ ①공부하고 숙제했어요 ②저녁을 먹고 노래방에 갔어요
③음악을 듣고 신문을 읽었어요 ④일하고 술을 마셨어요 ⑤샤워하고 잤어요
練習❸ ①맛있지만 양이 적어요 ②맵지만 맛있어요 ③무섭지만 재미있어요
④힘들지만 즐거워요 ⑤눈이 오지만 따뜻해요

p.105
練習❹

基本形	意味	- 아 / 어요	- 았 / 었어요
맵다	辛い	매워요	매웠어요
덥다	暑い	더워요	더웠어요
춥다	寒い	추워요	추웠어요
어렵다	辛い	어려워요	어려웠어요
쉽다	暑い	쉬워요	쉬웠어요
무섭다	寒い	무서워요	무서웠어요

p.106
練習❺

基本形	意味	- 아 / 어요	- 았 / 었어요
쓰다	書く	써요	썼어요
바쁘다	忙しい	바빠요	바빴어요
예쁘다	きれいだ	예뻐요	예뻤어요
크다	大きい	커요	컸어요
기쁘다	嬉しい	기뻐요	기뻤어요
아프다	痛い	아파요	아팠어요

会話編解答・日本語訳

LESSON 9　ドリル1
p.107
問題❶
①今日の天気はどうですか？
②昨日の天気はどうでしたか？
③週末の天気はどうでしたか？

問題❷
①韓国語の勉強はどうですか？
②英語はどうですか？

問題❸
①最近、どうでしたか？
②旅行はどうでしたか？

問題❹
①普段、授業後に何をします？
②普段、朝何をしますか？
③週末に何をしましたか？

LESSON 9　ドリル2
p.108
問題❶

週末は天気が①(晴れる)　　　よかったです。そこで、私は友達に会いました。
友達と一緒に映画を②(見る)　　　お昼を食べました。
お昼を③(食べる)　　　コーヒーを飲みました。
昨日は④(曇る)　　風がたくさん吹きました。
家で⑤(洗濯する)　　　⑥(掃除する)　　　勉強しました。
今日は雨が⑦(降る)　　　暖かいです。

①맑고　②보고　③먹고　④흐리고　⑤세탁하고　⑥청소하고　⑦오지만

p.109
問題❷
①彼女／彼氏
②好きな芸能人
③韓国料理
④ファーストフード

LESSON 10

p.110

練習❶　①한테　②한테　③한테　④한테
練習❷　①이 돼요　②이 돼요　③이 돼요　④이 돼요

p.111

練習❸　①영화를 보고 싶어요　②음악을 듣고 싶어요　③커피를 마시고 싶어요
　　　　④한국에 여행 가고 싶어요

p.112

練習❹　①축구 선수가 되고 싶어요　②연예인이 되고 싶어요　③경찰이 되고 싶어요
　　　　④엄마가 되고 싶어요　⑤우주비행사가 되고 싶어요
練習❺　①비가 오면 뭐 하고 싶어요　②여자 친구（남자 친구）가 생기면 뭐 하고 싶어요
　　　　③방학이 되면 뭐 하고 싶어요　④시간이 많으면 뭐 하고 싶어요
　　　　⑤한국에 살면 뭐 하고 싶어요

LESSON 10　ドリル1

p.113
問題❶
①今、何が食べたいですか？
②今日、何をしたいですか？
③卒業後に何をしたいですか？
④これからどこに住みたいですか？
問題❷
①子供の時、何になりたかったですか？
②今は何になりたいですか？
問題❸
①週末に何をしたいですか？
②雨が降ったら、何がしたいですか？
③宝くじが当たったら、何をしたいですか？
④生まれ変わったら、何になりたいですか。？

p.114
問題❹
①韓国語をずっと勉強したいですか？→
　　はい。**한국어를 계속 배우고 싶어요**／いいえ。**한국어를 계속 안 배우고 싶어요**
②韓国へ留学したいですか？→
　　はい。**한국에 유학 가고 싶어요**／いいえ。**한국에 유학 안 가고 싶어요**

③夕食に韓国料理を食べたいですか？→
　はい。**저녁에 한국 음식을 먹고 싶어요**／いいえ。**저녁에 한국 음식을 안 먹고 싶어요**
④今日、映画を観たいですか？→
　はい。**오늘 영화를 보고 싶어요**／いいえ。**오늘 영화를 안 보고 싶어요**

LESSON 10　ドリル2
p.115
問題❶

「人生でやりたいこと 10 のリスト」

(1)　宇宙に行きたいです。
(2)　会社を作りたいです。
(3)　猫と一緒に暮らしたいです。
(4)　世界旅行がしたいです。
(5)　韓国で住みたいです。
(6)　外国語をたくさん習いたいです。
(7)　結婚したいです。
(8)　東方神起と食事したいです。
(9)　オーロラが見たいです。
(10)　イルカと一緒に泳ぎたいです。

LESSON 11
p.117
練習❶　①무슨　②무슨　③어떤　④어떤

p.118
練習❷　①를／가　②을／이　③을／이　④을／이

p.119
練習❸　①를／가　②를／가　③을／이　④을／이
練習❹　①예쁜　②조용한　③단　④추운　⑤귀여운

p.120
練習❺　①맛있는　②멋있는　③재미있는　④재미없는
練習❻　①자는 것　②노래를 부르는 것　③책을 읽는 것　④영화를 보는 것

185

LESSON 11　ドリル1

p.121

問題❶
①何の歌が好きですか？
②何の動物が好きですか？
③何の果物が好きですか？
④何の科目が好きですか？
⑤何の季節が好きですか？

問題❷
①どんな人が好きですか？
②どんな映画が好きですか？
③どんな音楽が好きですか？
④どんな料理が好きですか？

p.122

問題❹
〈例〉リンゴとブドウのどちらがもっと好きですか？
　　　→私はリンゴよりブドウの方がもっと好きです。
①犬と猫のどちらがもっと好きですか？
②肉と魚のどちらがもっと好きですか？

問題❺
〈例〉野菜の中で何が一番好きですか？→私はきゅうりが一番好きです。
①季節の中で何が一番好きですか？
②果物の中で何が一番好きですか？

LESSON 12

p.125

練習❶
①일본 사람입니까／일본 사람입니다
②대학생입니까／대학생입니다
③회사원입니까／회사원입니다
④주부입니까／ 주부입니다

p.126

練習❷　①한국 사람이 아닙니다　②공무원이 아닙니다　③의사가 아닙니다
　　　　　④아르바이트가 아닙니다

p.127
練習❸

基本形	意味	ㅂ/습니까?	ㅂ/습니다	基本形	意味	ㅂ/습니까?	ㅂ/습니다
자다	寝る	잡니까	잡니다	만나다	会う	만납니까	만납니다
보다	見る	봅니까	봅니다	앉다	座る	앉습니까	앉습니다
괜찮다	大丈夫だ	괜찮습니까	괜찮습니다	읽다	読む	읽습니까	읽습니다
살다	住む	삽니까	삽니다	웃다	笑う	웃습니까	웃습니다
공부하다	勉強する	공부합니까	공부합니다	놀다	遊ぶ	놉니까	놉니다
오다	来る	옵니까	옵니다	여행하다	旅行する	여행합니까	여행합니다

p.128
練習❹

基本形	意味	-지 않습니다	基本形	意味	-지 않습니다
가다	行く	가지 않습니다	오다	来る	오지 않습니다
일어나다	起きる	일어나지 않습니다	사다	買う	사지 않습니다
타다	乗る	타지 않습니다	만나다	会う	만나지 않습니다
보다	見る	보지 않습니다	기다리다	待つ	기다리지 않습니다
웃다	笑う	웃지 않습니다	울다	泣く	울지 않습니다
입다	着る	입지 않습니다	쉬다	休む	쉬지 않습니다

p.129
練習❺

基本形	意味	-았/었습니까?	-았/었습니다
가다	行く	갔습니까	갔습니다
자다	寝る	잤습니까	잤습니다
보다	見る	봤습니까	봤습니다
먹다	食べる	먹었습니까	먹었습니다
괜찮다	大丈夫だ	괜찮았습니까	괜찮았습니다
살다	住む	살았습니까	살았습니다
공부하다	勉強する	공부했습니까	공부했습니다
청소하다	掃除する	청소했습니까	청소했습니다
오다	来る	왔습니까	왔습니다
만나다	会う	만났습니까	만났습니다
앉다	座る	앉았습니까	앉았습니다
읽다	読む	읽었습니까	읽었습니다
웃다	笑う	웃었습니까	웃었습니다
놀다	遊ぶ	놀았습니까	놀았습니다
여행하다	旅行する	여행했습니까	여행했습니다
운동하다	運動する	운동했습니까	운동했습니다

p.130
練習❻

基本形	意味	-았/었습니까?	-았/었습니다
듣다	聞く	들었습니까	들었습니다
묻다	尋ねる	물었습니까	물었습니다
걷다	歩く	걸었습니까	걸었습니다
싣다	載せる	실었습니까	실었습니다

p.131
練習❼

基本形	意味	- 아 / 어요	- 았 / 었어요
맵다	辛い	매워요	매웠어요
덥다	暑い	더워요	더웠어요
춥다	寒い	추워요	추웠어요
어렵다	難しい	어려워요	어려웠어요
쉽다	簡単だ	쉬워요	쉬웠어요

LESSON 12　ドリル1

p.132
問題❶
①大学生ですか？→はい。**대학생입니다**／いいえ。**대학생이 아닙니다**
②主婦ですか？→はい。**주부입니다**／いいえ。**주부가 아닙니다**
③日本人ですか？→はい。**일본 사람입니다**／いいえ。**일본 사람이 아닙니다**
④秘密ですか？→はい。**비밀입니다**／いいえ。**비밀이 아닙니다**

問題❷
①朝食を食べますか？→はい。**먹습니다**／いいえ。**먹지 않습니다**
②新聞を読みますか？→はい。**읽습니다**／いいえ。**읽지 않습니다**
③お酒を飲みますか？→はい。**마십니다**／いいえ。**마시지 않습니다**
④タバコを吸いますか？→はい。**피웁니다**／いいえ。**피우지 않습니다**

p.133
問題❸
①週末にどこに行きましたか？
②朝、何を食べましたか？
③昨日、何時に寝ましたか？
④朝早く起きましたか？
⑤最近、映画を見ましたか？

LESSON 12　ドリル 2

p.134

問題❶
①図書館に行きますか？→네 . 자주（가끔）갑니다／아뇨 . 별로（전혀）가지 않습니다
②運動しますか？→네 . 자주（가끔）운동합니다／아뇨 . 별로（전혀）운동하지 않습니다
③本を読みますか？→네 . 자주（가끔）먹습니다／아뇨 . 별로（전혀）먹지 않습니다
④キムチを食べますか？→네 . 자주（가끔）산책니다／아뇨 . 별로（전혀）산책하지 않습니다
⑤散歩はしますか？→네 . 자주（가끔）합니다／아뇨 . 별로（전혀）하지 않습니다
⑥ゲームをしますか？→네 . 자주（가끔）봅니다／아뇨 . 별로（전혀）보지 않습니다
⑦新聞を見ますか？→네 . 자주（가끔）요리합니다／아뇨 . 별로（전혀）요리하지 않습니다
⑧料理をしますか？→네 . 자주（가끔）갑니다／아뇨 . 별로（전혀）가지 않습니다
⑨ディズニーランドに行きますか？→네 . 자주（가끔）갑니다／아뇨 . 별로（전혀）가지 않습니다
⑩デートをしますか？→네 . 자주（가끔）합니다／아뇨 . 별로（전혀）하지 않습니다

LESSON 13

p.136

練習❶　①밥을 먹으러 가요　②등산하러 가요　③놀러 가요　④커피를 마시러 가요
　　　　　⑤쇼핑하러 가요

p.137

練習❷　①한국음식을 먹을 거예요　②숙제할 거예요　③놀러 갈 거예요　④친구를 만날 거예요
　　　　　⑤콘서트에 갈 거예요　⑥술을 안 마실 거예요

LESSON 13　ドリル 1

p.138

問題❶
①夕食に何を食べるつもりですか？
②明日、どこに行くつもりですか？
③今日、何時に寝るつもりですか？
④後でどこに住むつもりですか？
⑤週末に何をするつもりですか？
⑥休みの時（休暇の時）、何をするつもりですか？

問題❷
①誰を呼ぶつもりですか？
②誕生日パーティーはいつするつもりですか？
③誕生日パーティーはどこでするつもりですか？
④誕生日プレゼントを何にするつもりですか？

⑤何の料理を食べるつもりですか？
⑥誕生日パーティーは何時から何時までするつもりですか？

LESSON 14

p.142
練習❶ ①한국으로 가요　②서울로 가요　③산으로 가요　④바다로 가요

p.143
練習❷ ①커피를 마실까요　②꽃을 살까요　③요리를 만들까요　④음악을 들을까요
⑤뭘 도와 드릴까요

p.144
練習❸ ①영화를 봐요　②놀아요　③공부해요　④여행 가요

p.145
練習❹ ①커피를 마십시다　②꽃을 삽시다　③요리를 만듭시다　④음악을 들읍시다
練習❺ ①배고프거든요　②배가 안 고프거든요　③덥거든요　④약속이 있거든요
⑤시간이 없거든요　⑥벌써 먹었거든요

p.146
練習❻ ①다시 한번 말씀해 주세요　②천천히 말해 주세요　③여기에 써 주세요
④다른 색으로 바꿔 주세요　⑤여자친구（남자친구）를 소개해 주세요

LESSON 14　ドリル1

p.147
問題❶
①明日、どこに行きましょうか？
②明日、どこで会いましょうか？
③週末に何をしましょうか？
④友達の誕生日プレゼントは何にしましょうか？
⑤クリスマスの時、何を食べましょうか？
問題❷
①土曜日にどこに行きましょうか？
②日曜日に何をしましょうか？
③週末に何の映画を見ましょうか？
④旅行はどこに行きましょうか？
⑤誕生日パーティーの時、何の料理を作りましょうか？

p.148
問題❸
①今日、一緒に勉強しましょうか？→はい。いいですよ。**같이 공부해요**
②明日、一緒に映画を見に行きましょうか？→はい。いいですよ。**같이 영화 보러 가요**
③週末に一緒に旅行に行きましょうか？→はい。いいですよ。**같이 여행 가요**
問題❹
①明日、一緒に登山しに行きましょうか？→ごめんなさい。
②今日、一緒に運動しましょうか？→ごめんなさい。
③夕食に一緒に韓国料理を食べに行きましょうか？→ごめんなさい。
④週末に一緒に旅行に行きましょうか？→ごめんなさい。

LESSON 14　ドリル2
p.149
〈例〉傘を貸してください。
問題❶　①가르쳐　②봉투에 넣어　③보여　④사진을 찍어　⑤문을 열어　⑥문을 닫아

LESSON 15
p.150
練習❶　①한국 사람이죠　②시험이 내일이죠　③오늘이 생일이죠　④정말이죠　⑤농담이죠

p.151
練習❷　①김치는 좀 맵죠　②남자 친구가 있죠　③지금 눈이 오죠　④오늘 춥죠
　　　　⑤시간이 없죠　⑥어제 술을 마셨죠

p.152
練習❸　①버스요　②전철요　③강남역이요　④교대역이요　⑤압구정역이요
〈例〉どこに行きますか？
①学校に何に乗って来ますか？（バス）
②会社に何に乗って行きますか？（電車）
③何駅で乗りますか？
④何駅で乗り換えますか？
⑤何駅で降りますか？

p.153
練習❹　①여기서 길을 건너세요　②횡단보도를 건너세요　③쭉 가세요
　　　　④왼쪽으로 가세요　⑤손을 씻으세요　⑥조용히 하세요　⑦열심히 하세요

LESSON 15　ドリル1
p.154
問題❶
①네．한국어는 재미있어요／아뇨．한국어는 재미없어요
②네．불고기는 맛있어요／아뇨．불고기는 맛없어요
③네．좋아요／아뇨．안 좋아요（나빠요）
④네．있어요／아뇨．없어요
⑤네．매워요／아뇨．안 매워요
〈例〉韓国人でしょ？→はい。韓国人です。／いいえ。韓国人ではありません。日本人です。
①韓国語は面白いでしょう？
②焼肉は美味しいでしょう？
③今日天気がいいでしょう？
④彼女（彼氏）がいるでしょう？
⑤キムチは辛いでしょう？

p.155
問題❷
〈例〉今、どこに行きますか？→書店です（書店に行きます）。
①今日、どこに行きますか？
②夕食に何を食べるつもりですか？
③今、何をしていますか？
④最近、何の勉強をしていますか？
⑤学校に何に乗って来ますか？
⑥歌の中で何が好きですか？
⑦料理の中で何が好きですか？

LESSON 15　ドリル2
p.156
問題❶　①시청역이요　②안국역이요　③잠실역이요　④신사역이요
〈例〉昌德宮に行きたいです。どこで降りますか？→鍾路3街駅です（鍾路3街駅で降ります）。
①德壽宮に行きたいです。どこで降りますか？
②インサドンに行きたいです。どこで降りますか？
③ロッテワールドに行きたいです。どこで降りますか？
④カロスキルに行きたいです。どこで降りますか？

p.157
問題❷
①먼저 5 호선을 타세요 . 그리고 동대문역사문화공원역에서 4 호선으로 갈아타세요 . 그리고 혜화역에서 내리세요
②먼저 5 호선을 타세요 . 그리고 동대문역사문화공원에서 2 호선으로 갈아타세요 . 그리고 회현역에서 내리세요
③먼저 5 호선을 타세요 . 그리고 종로 3 가역에서 2 호선으로 갈아타세요 . 그리고 을지로 3 가역에서 내리세요
④먼저 5 호선을 타세요 . 그리고 종로 3 가역에서 3 호선으로 갈아타세요 . 그리고 경복궁역에서 내리세요

〈例〉まず、5号線に乗ってください。そして、忠正路駅で2号線に乗り換えてください。それから、市庁駅で降りてください。
①昌慶宮にどうやって行きますか？
②南大門市場にどうやって行きますか？
③清溪川にどうやって行きますか？
④景福宮にどうやって行きますか？

LESSON 16

p.158
練習❶ ①몇 분이세요 ②사토 씨세요 ③김 선생님이세요 ④부모님이세요

p.159
練習❷ ①언제 오세요 ②왜 안 오세요 ③어디 사세요 ④어떻게 만드세요
⑤몇 시에 일어나세요 ⑥어떤 음악을 들으세요

p.160
練習❸ ①몇 시에 주무세요 ②아침에 뭐 마시세요 (드세요) ③저녁에 뭐 드세요
練習❹ ①시간이 없어서 밥을 안 먹어요 ②시험이 있어서 공부해요 ③더워서 문을 열어요
④매워서 물을 마셔요

p.161
練習❺ ①한국 드라마를 좋아해서요 ②한국 문화를 좋아해서요
③혼자 한국 여행을 하고 싶어서요 ④한국 드라마를 자막 없이 보고 싶어서요
⑤한국 친구가 있어서요 ⑥남자 친구하고 한국말로 말하고 싶어서요

会話編解答・日本語訳

LESSON 16　ドリル1
p.162
問題❶
〈例〉韓国の方ですか？→はい。韓国人です。／いいえ。韓国人ではありません。日本人です。
①日本の方ですか？→はい。**일본 사람이에요**／いいえ。**일본 사람이 아니에요.(한국) 사람이에요**
②大学生ですか？→はい。**대학생이에요**／いいえ。**대학생이 아니에요.(회사원이에요／주부예요)**
③主婦ですか？→はい。**주부예요**／いいえ。**주부가 아니에요.(대학생이에요／회사원이에요)**
④留学生ですか？→はい。**유학생이에요**／いいえ。**유학생이 아니에요.(일본 사람이에요)**

p.163
問題❷
〈例〉どこに行かれますか？→家に帰ります。
①韓国語は面白いですか？
②家族と一緒に住んでいますか？
③K-POPを聞きますか？
④韓国ドラマを見ますか？
⑤毎日、新聞を見ますか？
⑥何時に起きますか？
⑦何時に寝ますか？
⑧毎日、コーヒーを飲みますか？

問題❸
①お名前は何ですか？
②職業は何ですか？
③メールアドレスは何ですか。
④住所は何ですか。
⑤電話番号は何ですか。

LESSON 16　ドリル2
p.164
問題❶
①韓国が好きですか？
②韓国でどこに行きたいですか？
③何の料理が一番好きですか？
④どんな人がタイプですか？
⑤韓国で何をしたいですか？

195

金珉秀 キム・ミンス

韓国ソウル生まれ。韓国 徳成女子大学 日語日文学科卒業。筑波大学大学院文芸・言語研究科博士課程修了。言語学博士。専門は日韓対照言語学、意味論。韓国政府 文化体育観光部 発行「韓国語教員資格」、教育科学技術部 発行「中等学校正教師（日本語）資格」取得。東海大学外国語教育センターコリア語特任講師。国際基督教大学（ICU）、駐日韓国文化院世宗学堂韓国語講師。

著書

『間違いだっておもしろい！ わらってわらって韓国語』 2007年 駿河台出版社
『聴くだけのらくらく！ カンタン韓国語―旅行会話編―』 2008年 駿河台出版社
『韓国語能力試験初級［1級・2級］対策単語集』 2009年 駿河台出版社
『もぐもぐモゴヨ：日本語から覚えるカンタン韓国語』 2010年 駿河台出版社
『韓国語能力試験中級［3級・4級］対策単語集』 2011年 駿河台出版社
『耳にスイスイこれで完璧！ 韓国語の発音マスターノート』 2012年 駿河台出版社
『まちがいや、勘違いから学ぶ韓国語 韓国語学習者はかんちがいの達人!?』 2013年 駿河台出版社
『マインドマップを使えばどんどん書ける！ 韓国語初級ライティング』 2014年 駿河台出版社

韓国語を話したいと思ったら練習帳
はじめての韓国語会話

2016年1月25日　　初版1刷発行

著者　金珉秀
イラストレーション　ヨム ソネ
装丁・本文デザイン　浅妻健司
DTP・印刷・製本　フォレスト
発行　駿河台出版社
〒101-0062 東京都千代田区神田駿河台3-7
TEL 03-3291-1676　FAX 03-3291-1675
www.e-surugadai.com
発行人　井田洋二

許可なしに転載、複製することを禁じます。落丁本、乱丁本はお取り替えいたします。
©KIM MINSOO 2015　Printed in Japan　ISBN 978-4-411-03104-4　C1087